Estética da multidão

Barbara Szaniecki

Estética da multidão

Rio de Janeiro
2007

COPYRIGHT © Barbara Szaniecki, 2007

ORGANIZADOR DA COLEÇÃO
Giuseppe Cocco

CAPA
Evelyn Grumach

PROJETO GRÁFICO
Evelyn Grumach e João de Souza Leite

CIP-BRASIL. CATALOGAÇÃO-NA-FONTE
SINDICATO NACIONAL DOS EDITORES DE LIVROS, RJ.

	Szaniecki, Barbara
S991e	Estética da multidão / Barbara Szaniecki. – Rio de Janeiro: Civilização Brasileira, 2007.
	(A política no Império)

Inclui bibliografia
ISBN 978-85-200-0767-9

1. Cartazes políticos – História. 2. Cartazes políticos – Aspectos sociais. 3. Propaganda política. I. Título. II. Série.

CDD – 659.1932
06-3748   CDU – 32.019.5

Todos os direitos reservados. Proibida a reprodução, armazenamento ou transmissão de partes deste livro, através de quaisquer meios, sem prévia autorização por escrito.

Direitos desta edição adquiridos pela
EDITORA CIVILIZAÇÃO BRASILEIRA
Um selo da
EDITORA RECORD LTDA.
Rua Argentina 171 – 20921-380 – Rio de Janeiro, RJ – Tel.: 2585-2000

PEDIDOS PELO REEMBOLSO POSTAL
Caixa Postal 23.052 – Rio de Janeiro, RJ – 20922-970

Impresso no Brasil
2007

*Para meus pais, que conheceram o fascismo na
Itália e o nazismo na Polônia.
E para os meus irmãos.*

*Para meus filhos, Tomás e Luca, para que em toda
ocasião lutem, com seus saberes e suas imagens,
por liberdade, por mais liberdade.*

Agradecimentos

A Beppo, que enriqueceu meu pensamento,
meu trabalho, minha vida.

A Alberto Cipiniuk, pela sua generosa atenção.

Aos amigos das revistas Global/Brasil *e* Lugar
Comum: *Alexandre do Nascimento, Écio de Salles,*
Ericson Pires, Gerardo Silva, Giuseppe Cocco,
Fábio Malini, Ivana Bentes, Leonora Corsini, Patrícia
Fagundes Daros, Ronald Duarte e Tatiana Roque.
Foi ao longo de nossas reuniões,
debates, seminários e outras animadíssimas
atividades que as idéias foram tomando forma.

Às minhas amigas Bitty, Cecília, Clarissa, Isabela,
Mercedes e Sonia, que, de perto ou de longe,
acompanharam todo o processo e perdoaram minha
eterna falta de tempo.

Aos professores, funcionários e colegas do
Departamento de Artes e Design da PUC-Rio.

Sumário

INTRODUÇÃO 9

1. Espaço social, tempo político e tom: concepção e forma do poder na representação clássica e na estética popular *19*

1.1. *LAS MENINAS*, DE VELÁZQUEZ: A REPRESENTAÇÃO DA REPRESENTAÇÃO CLÁSSICA *21*

1.2. DISTÂNCIA E PERENIDADE DO PODER NA REPRESENTAÇÃO CLÁSSICA *31*

1.2.1. DISTÂNCIA: MANIPULAÇÃO E ESPETÁCULO *32*

1.2.2. PERENIDADE: SANTOS E MITOS *37*

1.2.3. O TOM DA CRÍTICA: A PARÓDIA *40*

1.3. PROXIMIDADE E RENOVAÇÃO DO PODER NA ESTÉTICA CARNAVALESCA E POPULAR *43*

1.3.1. "O CARNAVAL NÃO TEM NENHUMA FRONTEIRA ESPACIAL" *44*

1.3.2. PROXIMIDADE E RENOVAÇÃO NO REALISMO GROTESCO *47*

1.3.3. O RISO CARNAVALESCO, O CÔMICO GROTESCO: O TOM DA RENOVAÇÃO *53*

2. Transformações da soberania: continuidades das imagens do poder, multiplicidades das imagens da potência *57*

2.1. SURGIMENTO, GENERALIZAÇÃO E DIALETIZAÇÃO DO DISCURSO HISTÓRICO-POLÍTICO *60*

2.1.1. DO DISCURSO FILOSÓFICO-JURÍDICO AO DISCURSO HISTÓRICO-POLÍTICO *61*

2.1.2. GENERALIZAÇÃO DO DISCURSO HISTÓRICO-POLÍTICO: A GUERRA DAS NAÇÕES E DE SEUS SABERES 66

2.1.3. REVOLUÇÃO FRANCESA: MOVIMENTO DE AUTODIALETIZAÇÃO DO DISCURSO HISTÓRICO-POLÍTICO 72

2.2. MAIO DE 1968: IMAGENS DE PODER, IMAGENS DE POTÊNCIA 76

2.2.1. CONTINUIDADE DO PODER: RETRATOS OFICIAIS, PROPAGANDA E PUBLICIDADE 76

2.2.2. MULTIPLICIDADES DA POTÊNCIA: CARTAZES DE MAIO DE 1968 83

2.2.3. PRODUÇÃO BIOPOLÍTICA: DA MODERNIDADE AO IMPÉRIO 92

3. Soberania imperial e cartazes políticos na contemporaneidade 95

3.1. DA SOBERANIA MODERNA À SOBERANIA IMPERIAL 99

3.1.1. SOBERANIA MODERNA NA EUROPA E NOS ESTADOS UNIDOS 99

3.1.2. REPRESENTAÇÃO POLÍTICA E ESTÉTICA NA PASSAGEM PARA O IMPÉRIO: DA DEMOCRACIA DO POVO À DEMOCRACIA DA MULTIDÃO 108

3.1.3. A PRODUÇÃO DO COMUM NO CAMPO SOCIAL, POLÍTICO E ONTOLÓGICO, A EXPRESSÃO DO COMUM NO CARTAZ POLÍTICO 111

3. 2. CARTAZES POLÍTICOS DA CONTEMPORANEIDADE 121

3.2.1. REPRESENTAÇÕES POTENTES DO PODER: A MONARQUIA E A ARISTOCRACIA IMPERIAL 124

3.2.2. MANIFESTAÇÕES DE POTÊNCIA NA DEMOCRACIA DA MULTIDÃO 132

3.2.3. PODER CONSTITUINTE, ESTÉTICA CONSTITUINTE 138

CONCLUSÃO 145

REFERÊNCIAS BIBLIOGRÁFICAS 155

LISTA DE CRÉDITOS 157

SOBRE A COLEÇÃO 159

Introdução

Este estudo nasceu do questionamento de nossa prática na produção de cartazes, de nosso interesse em compreender e aperfeiçoar suas formas, mas sobretudo de nosso desejo de apreender sua ação sobre seu entorno cultural, social e político. Tal qual o conhecemos, o cartaz nasceu no século XIX da conjunção das artes com as novas tecnologias de produção e reprodução. Rapidamente, graças às novas técnicas, atingiu um público maior do que aquele dos museus, galerias de arte e teatros. O cartaz destina-se a todos sem distinção, seu lugar "privilegiado" de exposição é a rua. Como diria Walter Benjamin, o cartaz é fruto da era da reprodutibilidade técnica das artes: é meio de comunicação e forma artística.

O caráter híbrido e ambíguo está presente em toda sua história. O cartaz na sua forma moderna surgiu ao final do século XVII com a secularização temática e formal das imagens e com o desenvolvimento da litografia: a gravura sobre madeira tinha pouca duração, a gravura sobre metal era muito cara, a gravura sobre pedra reunia enfim boas condições de duração, de custo e de uso, ficando a imagem tão solta quanto o desenho à mão livre sobre papel. Era possível obter grandes formatos em cores, com qualidade e em quantidade, mas uma linguagem própria tardou a vir, permanecendo o cartaz próximo da caricatura ou da ilustração[1] — encontrada em almanaques, jornais, revistas, cartas de jogo e canções.

Contudo, suas funções se multiplicaram rapidamente: o cartaz foi, ao longo do século XIX, um meio de comunicar aos habitantes das cidades em expansão os perigos das epidemias, de denunciar as formas de exploração, de publicizar romances extraídos de jornais populares ou de divulgar os primeiros produtos da Revolução Industrial. Foi, ao longo do século XX, um meio de mobilizar os povos para construir ou destruir Estados-nação — totalitários ou democráticos —, assim como integrar as massas aos mercados em formação. A essa extensa função comunicativa aliou-se uma intensa colaboração artística.

Jules Chéret, a quem é atribuída a paternidade do cartaz moderno, nasceu num meio de artesãos, interessou-se desde cedo pela litografia e apaixonou-se pelos pintores expostos no Louvre. Manet o chamava de "o Watteau das ruas". Assim como Toulouse-Lautrec, procurou inspiração nos temas populares: os jogos, os circos, as feiras, os festivais, os bailes, os teatros e os cabarés. Para além da esfera européia, podemos citar o cartazista mexicano José Guadalupe Posada[2] que usava, como base para seu trabalho gráfico, os populares anúncios que tinham por objetivo

---

[1] Jesús Martín Barbero, *Dos meios às mediações — comunicação, cultura e hegemonia*, Rio de Janeiro, Editora UFRJ, 1997. Barbero relata uma pequena história da iconografia popular a partir do século XV. Desde 1660, a cidade francesa de Épinal tem a maior indústria de imagens do mundo: seus quadrinhos circulam através de *colporteurs* (vendedores ambulantes) divulgando canções, histórias e notícias do dia. Já o primeiro jornal ilustrado, o *Penny Magazine*, surge em 1832 em Londres.
[2] José Guadalupe Posada (1851-1913).

capturar criminosos em fuga. Mais recentemente, produtos, ícones e heróis da cultura de massa serviram como referência temática. Para além dos temas, é possível perceber uma especificidade formal: acompanhando o desenvolvimento das cidades, o cartaz devia ser visto não apenas pelos pedestres, mas também pelos cidadãos em seus recentes veículos motorizados, o que levou a uma simplificação de suas formas, rapidamente esboçadas, com freqüência estilizadas, de modo a permitir a memorização numa olhadela. Encontramos também um tom próprio: a caricatura, o exagero, a sátira, a paródia, o escândalo e o riso apimentaram a produção de gerações de *affichistes*. Gostaríamos de observar que esses elementos eram de uso limitado ou mesmo proibidos na pintura acadêmica e reforçam nossa reflexão sobre a singularidade do cartaz.

Essas características do cartaz — de tema, forma e tom — se transformaram ao longo dos séculos XIX e XX, acompanhando as evoluções e revoluções dos meios de comunicação e dos movimentos artísticos. Podemos observar, por exemplo, como o cartaz, inicialmente de dimensões modestas, foi crescendo até preencher os muros da cidade num *continuum*. Em termos de impacto visual, o cartaz proporcionou, nas ruas das cidades, o que o filme expressou nas telas dos cinemas. Por outro lado, o cartaz interagiu intensamente com as vanguardas,[3] tais como futurismo,

---

[3] O cartaz moderno se nutriu desses movimentos artísticos de vanguarda tanto quanto os alimentou, estabelecendo uma relação de troca bastante complexa que não se limitou ao terreno estético, estendendo-se aos campos cultural, social e político. O situacionismo, por exemplo, contribuiu para as transformações de maio de 1968 na França, assim como o *pop art* movimentou os Estados Unidos no mesmo período.

dadaísmo, surrealismo, cubismo, construtivismo, e mais tarde situacionismo e *pop art*. Essa relação baseou-se na apropriação dos elementos da antiga cultura popular, assim como da cultura de massa emergente: surgiram novas temáticas e novos elementos formais.[4]

Apesar dessas transformações, a permanência do cartaz como meio e forma de rebeldia, de contestação e de subversão da ordem institucionalizada da arte acadêmica nos fez pensar, num primeiro momento, em algo como uma "natureza" própria. Porém, logo percebemos que seria contraditório pesquisar uma "essência" imutável, se o que nos interessava efetivamente nesse objeto específico de design era sua capacidade de modificar seu entorno cultural, social e, sobretudo, político, assim como de ser modificado por ele. Além disso, considerávamos muito difícil provar uma essência para um gênero artístico. A consciência da possibilidade de uso do cartaz como meio de transformação aflorou historicamente na Rússia revolucionária de 1917 e amadureceu na Alemanha dos anos 1930 com a fundação da Bauhaus. A definição do papel do design na sociedade de massa resultou no surgimento do designer como profissional dedicado às artes gráficas, o que provocou por sua vez uma diversificação de sua atividade: encomendas pelas instituições nacionais e pelas atividades mercantis se multiplicaram, sem, contudo, eliminar a produção autônoma. De certa forma, o cartaz de propaganda — sob orientação do Estado — e o cartaz publicitário —

---

[4]Podemos citar um leque de novos elementos temáticos que vai da exploração do absurdo pelo dadaísmo até a expressão do inconsciente pelo surrealismo, assim como uma amplitude de elementos formais que vai das "chapadas" de cor do construtivismo à retícula ampliada do *pop art*.

ESTÉTICA DA MULTIDÃO

sob demanda do mercado — podem ser considerados como as duas faces da mesma moeda: ambos procuram manter o eleitor ou o consumidor em determinado regime político ou sistema produtivo, através de mecanismos de persuasão cuja eficácia é questionável. Descartamos, portanto, qualquer hipótese de "natureza libertadora", mas também qualquer possibilidade de "essência manipuladora", para analisar o cartaz em sua relação efetiva com os poderes instituídos.

O cartaz político é o objeto de nosso estudo. Todavia, devemos assinalar que a acepção que utilizamos é ampla: consideramos desde os retratos monárquicos até as múltiplas expressões estéticas das manifestações globais contemporâneas.[5] Dois autores foram fundamentais para nossa análise do cartaz: Michel Foucault e Antonio Negri. Embora não façam referência direta à produção estética no âmbito das artes gráficas, ambos procuram apreender o poder a partir de seus "dispositivos" concretos em momentos específicos, tendo o materialismo histórico como quadro de referência teórica: para Foucault, responder à pergunta "o que é o poder" implicaria uma abordagem abstrata que ele recusa, interessando-se pelos "mecanismos" materiais do poder;[6] para Negri, o que Marx afirma em 1859 em sua introdução ao *Grundisse* é que "a forma e o conteúdo devem corresponder".[7] Ambos os autores

---

[5]O cartaz político em seu suporte tradicional em papel, mas também em suportes ecléticos como o corpo do manifestante, os muros das cidades, os espaços virtuais.

[6]Michel Foucault, *"Il faut défendre la société"* — *Cours au Collège de France, 1976*, Paris, Gallimard/Seuil, 1997.

[7]Michael Hardt e Antonio Negri, *Multitudes*, Nova York, Penguin, 2004, p. 45.

nos indicaram a possibilidade de apreender nas formas estéticas os conteúdos políticos, e vice-versa. Delimitamos em seguida um período histórico: Foucault se interessa pelos movimentos insurrecionais dos anos 1960 e 1970 e, para explicá-los, remonta à teoria da soberania do século XVII, acompanhando os discursos do poder nos séculos seguintes; Negri se interessa pelos conflitos da contemporaneidade e, para compreendê-los, analisa a crise da modernidade entre transcendência e imanência. Nosso estudo parte das representações tradicionais da soberania, mas enfatiza a produção estética dos cartazes dos movimentos de maio de 1968 aos nossos dias. Selecionamos amplo material iconográfico em publicações variadas e *sites* de internet e realizamos "fichas" justapondo, de modo flexível, formas e conteúdos. Paralelamente a Foucault e Negri, autores como Peter Burke — e sua análise da produção iconográfica a serviço de Luís XIV — e Mikhail Bakhtin — e sua interpretação da produção estética carnavalesca e grotesca — enriqueceram a passagem dos conteúdos políticos às formas estéticas.

Para além do período histórico em questão, a escolha de Foucault e Negri se deve à análise do poder como uma relação de forças. Para Foucault, o problema político da Idade Moderna não é de uma fonte única de soberania, mas aquele de uma infinidade de forças que agem e reagem entre elas. Para Negri, "no nosso caminhar em direção ao Império [...], a soberania permanece (e deve permanecer) inteiramente limitada pela relação entre dominador e dominado".[8] Com Foucault e Negri, ação e reação, po-

---

[8]Michael Hardt e Antonio Negri, *Império*, Rio de Janeiro, Record, 2001.

ESTÉTICA DA MULTIDÃO

der e resistência se definem em sua relação. A partir dessa definição, procuramos captar a tensão entre "imagens que agem" e "imagens que reagem" politicamente, ou melhor, o conflito entre "imagens de poder" e "imagens de potência". O conceito de potência foi definido por Aristóteles como "o princípio ou a possibilidade de uma mudança qualquer".[9] Mas o conflito poder (*potestas*) *versus* potência (*potentia*) foi introduzido por Spinoza no século XVII e é retomado hoje por Negri. Em Spinoza, poder e potência não se conciliavam.[10] Em Negri, a potência é compreendida como "inerência, dinâmica e constitutiva, do uno e da multiplicidade, da inteligência e do corpo, da liberdade e da necessidade — potência contra poder — lá onde o poder se projeta como a subordinação da multiplicidade, da inteligência, da liberdade, da potência".[11] A noção de potência vai além do conceito de resistência, no sentido de que não se limita a uma reação negativa (posterior) a uma ação positiva (anterior). Além de positiva, a potência enquanto poder constituinte implica movimento, enquanto o poder constituído ou institucionalizado provoca necessariamente o retorno à inércia. Essa concepção explica por que, para buscar uma potência do cartaz político, nos afastamos da esfera das instituições nacionais e das ativi-

---

[9]Nicola Abbagnano, *Dicionário de filosofia*, São Paulo, Martins Fontes, 1998.

[10]Devemos todavia assinalar que, embora a referência teórica de Foucault e Negri seja o materialismo histórico, seu método de abordagem não é dialético: não há síntese dos conteúdos — poder e potência —, assim como não há síntese das formas que por eles são produzidas e denominadas em nosso estudo "representações do poder" e "expressões de potência".

[11]Antonio Negri, *Anomalia selvagem — poder e potência em Spinoza*, São Paulo, Editora 34, 1993.

dades mercantis, e nos aproximamos da esfera dos movimentos sociais e políticos. Em oposição a uma "essência", podemos verificar uma potência do cartaz político? Iniciaremos nosso estudo introduzindo a questão da representação política e estética. Tendo como exemplo a iconografia de Luís XIV apresentada por Burke, vemos como a separação espacial e o acabamento perfeito das figuras, características das representações da soberania, refletem a distância social e a perenidade política. Contudo, ao longo da modernidade, em oposição a esse sistema fabricado pela Igreja e pelo Estado e às representações transcendentais que dele decorrem, desenvolvem-se expressões carnavalescas e grotescas que abordaremos a partir de Bakhtin.

Em seguida, verificaremos, com Foucault, o surgimento de um discurso histórico-político que, após revelar as múltiplas nações que lutam sob o Estado ao final do reinado de Luís XIV, se autodialetiza no momento da Revolução Francesa, a partir da redefinição do conceito de "nação": ao reivindicar uma função totalizadora, o Terceiro Estado retoma de certa forma a tese monárquica em que a Nação reside inteiramente na pessoa do rei. Esse movimento explica uma certa continuidade visual do "discurso do poder" — dos *portraits* monárquicos aos republicanos — por um lado e, por outro, a multiplicidade dos "discursos de resistência". Expressão das diversas "nações" contestadoras dos poderes e saberes constituídos, os cartazes políticos de maio de 1968 manifestam o desejo de proximidade social e de renovação política por meio da fusão dos elementos e da predominância do esboço, remetendo desse modo à estética que chamaríamos de resistente ou carnavalesca.

ESTÉTICA DA MULTIDÃO

Abordaremos por último, com Hardt e Negri, a transição contemporânea de uma soberania moderna para uma soberania imperial, em que perdura a crise política e estética entre transcendência e imanência. Por um lado, a representação estética dos poderes constituídos do Império — a monarquia e a aristocracia — se realiza de forma semelhante: a abstração geométrica das logomarcas multinacionais equivale à transcendência figurativa do soberano global. Por outro, a democracia imperial produz expressões que se afastam concretamente das representações do poder e que denominamos manifestações de potência a partir da definição sociológica, política e ontológica de multidão: por oposição ao povo — corpo social representado de forma transcendente —, a multidão se expressa de forma imanente através da cooperação social, gerando uma estética à imagem de sua potência, uma estética constituinte.

Em suma, pretendemos verificar que poder e potência produzem formas próprias e distintas. Apesar da ampla iconografia existente, a reflexão teórica sobre o cartaz político negligencia tanto as condições sociais e os mecanismos de poder nos quais está inserida sua produção quanto as subjetividades que nela se constituem, o que leva a um conhecimento impreciso sobre suas formas. Percebemos a necessidade de encontrar conceitos adequados à análise de uma produção autônoma ou, pelo menos, que não se insira nas instituições do Estado ou nas atividades do mercado — cuja racionalidade instrumental gera formas semelhantes, como mostraremos ao longo do estudo. Interessa-nos a possibilidade de uma estética que vá além da racionalidade instrumental característica do cartaz político moderno.

Essa reflexão pode, contudo, se estender dessa práxis particular ao campo do design em geral, pois tratamos de refletir sobre a atividade do designer e sua possibilidade de desenhar efetivamente seu espaço e seu tempo.

1. Espaço social, tempo político e tom: concepção e forma do poder na representação clássica e na estética popular

1.1. *LAS MENINAS*, DE VELÁZQUEZ: A REPRESENTAÇÃO DA REPRESENTAÇÃO CLÁSSICA

Em *Les mots et les choses*, Foucault introduz a problemática da representação, isto é, da relação entre os signos e as coisas, através da análise de um quadro pertencente à estética clássica. Com efeito, o capítulo de abertura é inteiramente dedicado à longa descrição de *Las meninas* (*Figura 1*), executado em 1656 por Diego Velázquez, pintor da corte de Felipe IV, da Espanha. Tal descrição se torna uma ocasião para Foucault versar sobre a questão do representar e abordar três campos das ciências humanas — gramática geral, história natural e economia política.

Nosso interesse se limita à descrição do quadro de Velázquez. Chamou-nos a atenção o uso específico da disposição espacial na pintura, para problematizar o tema da representação e suas práticas, discursivas ou não-discursivas. Mas, em vez de desenvolver, a partir do quadro de Velázquez, a questão da representação em termos *epistemológicos* como o faz Foucault, procuraremos desenvolvê-la em termos *estéticos e políticos*. A questão não é, para nós, a relação entre as "coisas" e seus "signos" (lingüísticos ou visuais), mas a forma como o poder, concebido social e politicamente, é representado esteticamente. Haveria, a nosso ver, uma correspondência entre a estética clássica e a concepção do poder transcendental dos monarcas absolutos europeus, nos séculos XVII e XVIII. Por acaso, mas talvez nem tanto por acaso, a descrição que Foucault faz do quadro é um exercício que vai ao encontro do nosso problema.

Concentremo-nos na descrição do quadro: vemos um pintor, pincel e paleta na mão, surgir por trás de uma enorme tela à esquerda, da qual podemos perceber apenas os fundos. O que vê o pintor? Vê quem assiste, por sua vez, à cena representada. Imaginemos que, dos olhos do pintor ao lugar onde se encontra o espectador da cena, seja possível traçar uma primeira linha: o lugar do espectador se confunde com o daquele que serve de modelo ao pintor. Nesse lugar, o que olha e o que é olhado são indefinidamente trocados, ou melhor, o "espectador e o modelo invertem seus papéis ao infinito",[1] diz Foucault, enfatizando que a representação estabelece relações instáveis de reciprocidade (*"vus ou voyant?"*).[2] Tracemos em seguida uma segunda linha, que percorre o espaço de representação da direita à esquerda, da luminosidade de uma janela (espaço aberto) ao quadro enigmático do qual vemos apenas o verso (espaço fechado). Ambas as linhas indicam planos que definem, por sua vez, o espaço onde encontramos todos os elementos necessários à representação, ou seja, pintor, pincel, paleta, tela e, finalmente, quadros em meio aos quais brilha o reflexo do modelo.

---

[1] Michel Foucault, *Les mots et les choses*, Paris, Gallimard, 1986, p. 21.
[2] *Ibid.*, p. 21.

Contrariamente a todas as representações presentes no quadro de Velázquez — a tela invertida, assim como os quadros escuros ao fundo —, o espelho é perfeitamente visível. No entanto, este não reflete nada do que se encontra no espaço de representação descrito acima. Apesar de sua posição absolutamente central, o espelho não reflete o visível, mas o invisível. O reflexo ignora os personagens dispostos no campo da representação, para dar visibilidade ao que está fora dele, isto é, ao que todos os personagens do quadro observam. Foucault utiliza o espelho para introduzir uma *metátese da visibilidade* (comutação contínua entre o que é e o que não é visto), hipótese que não vamos aprofundar aqui. O que nos interessa no espelho é a revelação do que está fora do quadro — o rei Felipe IV e sua esposa Mariana — para desenvolvermos uma *metáfora da soberania*.

O quadro de Velázquez é, a nosso ver, uma metáfora da representação: o que o espelho nos revela é a relação com o "fora", seja esta espacial ou temporal, social ou política. Os soberanos estão fora do quadro, assim como estão fora das relações entre os comuns. Estão ao mesmo tempo visíveis e invisíveis, *presentes* e *ausentes* do espaço pictórico, assim como do campo social e político. Em *A fabricação do rei*,[3] Burke também aponta para a relação da representação com a ausência: a representação seria uma imagem que nos traz de volta à memória pessoas ausentes ou distantes.[4] "Representar" significa, entre outras coisas,

---

[3]Peter Burke, *A fabricação do rei: a construção da imagem pública de Luís XIV*, Rio de Janeiro, Jorge Zahar Editor, 1994.
[4]*Ibid.*, p. 20.

"tomar o lugar de alguém".[5] Nesse sentido, embaixadores representam o rei nas ocasiões em que este não pode comparecer. Estando o rei ausente, alguém ou algo — retratos, moedas, brasões — o representa. No entanto, enquanto a ausência à qual Burke se refere é conjuntural, a passagem incessante entre o visível e o invisível, entre o presente e o ausente, constitui a problemática da representação (entre as palavras e as coisas), como demonstra Foucault, ou a "essência" da relação (entre o representante e o representado) estabelecida pela soberania, como desejamos demonstrar.

Enquanto Foucault prossegue a descrição do quadro no intuito de demonstrar sua metátese, nós prosseguimos com nossa metáfora. As linhas que Foucault desenha vão nos mostrar que não apenas os soberanos se encontram "fora" do quadro, numa alusão à sua transcendência, mas que são indubitavelmente responsáveis por toda a organização do espaço ao seu redor, seja esta social ou pictórica. Foucault descreve as relações entre o espelho e os demais elementos do espaço de representação, atribuindo-lhe diversas funções: o espelho revela o que a tela, da qual vemos os fundos, esconde; busca em frente do quadro aquilo que é visto (pelos personagens do quadro), mas não visível (para nós), para torná-lo em seguida visível ao fundo do quadro (para nós), mas não visto (pelos personagens do quadro); o espelho se encontra ao lado de uma porta onde um personagem se mantém em postura ambígua, uma figura que "entra e sai ao mesmo tempo, num balanço imóvel".[6] De certa forma, o reflexo (leia-se os soberanos) opera o

---

[5]*Ibid.*, p. 20.
[6]Michel Foucault, *op. cit.*, p. 26.

mesmo movimento, entre o que está dentro e o que está fora da representação. O espelho é tão fundamental na construção pictórica de Velázquez quanto são essenciais os soberanos na organização social e política do período em questão.

Foucault nomeia finalmente o tema principal da composição. A linha vertical que divide a tela em duas partes iguais passa por entre seus olhos, seu rosto encontra-se a dois terços da altura total da tela: a infanta Margarida é o objeto dessa pintura de proporções equilibradas. Foucault descreve, por um lado, duas linhas cujo cruzamento se dá exatamente no olhar da infanta. Traça, por outro, uma enorme curva que destaca o lugar do espelho. Qual dos dois centros de interesse, a infanta ou o espelho, seria o mais importante? Difícil responder, pois, na profundidade, a infanta precede o espelho, ao passo que, na altura, o espelho encontra-se sobre a princesa. Enquanto do espelho emerge uma linha que atravessa todo o espaço representado, do olhar da infanta surge uma linha, bem mais curta, que atravessa apenas o primeiro plano. Em ambos os casos, as linhas convergem para um lugar fora do quadro, o plano de onde nós observamos a cena que coincide com aquele onde se encontram os soberanos. Foucault confirma sua metátese da visibilidade, pois trata-se efetivamente do ponto de comutação entre o que olha e o que é olhado: "O quadro inteiro olha para uma cena para a qual ele é por sua vez uma cena."[7] Nós insistimos em nossa metáfora da soberania, pois não apenas esse plano se encontra fora do campo de representação, mas as princi-

---

[7] *Ibid.*, p. 29.

pais linhas de construção se dirigem a ele. A *convergência espacial* seria a metáfora da *convergência social*: todas os caminhos levam aos soberanos que, do plano externo e centralizador onde se encontram, organizam o seu entorno:

> [...] é com eles que nos defrontamos, em direção a eles que nos giramos, a eles que apresentamos a princesa em seu vestido de festa; da tela revirada à infanta e dela ao anão brincando à extrema direita, desenha-se uma curva [...] para ordenar aos seus olhos toda a disposição do quadro, e fazer surgir assim o verdadeiro centro da composição ao qual o olhar da infanta e a imagem no espelho são finalmente submissos.[8]

Foucault assinala que, provavelmente, o reflexo esconde mais do que manifesta. Por quê? Porque "a função do espelho é atirar para o interior do quadro o que lhe é intimamente estranho: o olhar que o organizou e aquele para o qual ele se desdobra".[9] Mais uma vez encontramos a centralidade, assim como a exterioridade, do casal espelhado:

> [...] no meio de todos esses rostos atentos, de todos esses corpos adornados, eles são a mais pálida, a mais irreal, a mais comprometida de todas as imagens: um movimento, um pouco de luz seria suficiente para fazê-los desaparecer. De todos esses personagens em representação, eles são também os mais negligenciados, pois ninguém presta atenção nesse reflexo que desliza por detrás de todos e se introduz silenciosamente por um espaço insuspeitado; na

[8]*Idem.*
[9]*Ibid.*, p. 30.

ESTÉTICA DA MULTIDÃO

medida em que são visíveis, eles são a forma mais frágil e a mais afastada de toda realidade. Inversamente, na medida em que, residindo fora do quadro, eles são retirados em uma invisibilidade essencial, eles ordenam em sua volta todo o espaço da representação.[10]

Onde interessa a Foucault o jogo entre invisibilidade e visibilidade, nós enxergamos uma clara metáfora da soberania transcendental que, simultaneamente, se faz visível para resplender[11] e invisível para dominar.[12] Concluindo, Foucault afirma que o quadro de Velázquez é "a representação da representação clássica".[13] Com efeito, encontra-

[10]*Ibid.*, p. 29.

[11]Veremos, em Burke, a necessidade por parte da soberania de se fazer visível de forma esplendorosa.

[12]Veremos, em Foucault, a dominação da soberania sobre um tripé composto por sujeito, unidade do poder e lei. Esse tripé realiza "o ciclo do sujeito ao súdito, o ciclo do poder e dos poderes, o ciclo da legitimidade e da lei". Por "ciclo do sujeito ao súdito" Foucault entende a transformação do sujeito dotado de direitos em elemento subjugado numa relação de poder. Por "ciclo do poder e dos poderes", afirma a unidade da soberania — fundamentada no corpo do monarca ou do Estado — da qual derivam todas as instituições do poder. E finalmente, por "ciclo da legitimidade e da lei" Foucault explicita o modo pelo qual a soberania se legitima, baseando-se numa lei que se apresenta como a "mais fundamental que todas as leis". A concretização dos três ciclos constrói a transcendência política e social da soberania que adquire forma na representação, entre o visível e o invisível, tão bem realizada por Velázquez. Michel Foucault, *"Il faut défendre la société" — Cours au Collège de France, 1976,* Paris, Gallimard/Seuil, 1997, p. 38.

[13]*Ibid.*, p. 31. Foucault conclui sua análise indicando um vazio essencial nessa imagem: "O desaparecimento necessário de quem a fundamenta, — daquele a quem ela se assemelha e daquele aos olhos de quem ela é apenas semelhança. Esse sujeito mesmo — que é o mesmo — foi suprimido. E finalmente livre dessa relação que o aprisionava, a representação pode enfim se dar como pura representação." O desaparecimento do sujeito interessa a Foucault, pois lhe permite introduzir a visão das ciências humanas que desenvolverá nos capítulos seguintes de *Les mots et les choses.*

mos nesse quadro todos os elementos — o ateliê, o pintor, o modelo, a tela, as tintas, a luz — necessários à produção de um certo tipo de imagem: se pudéssemos virar a tela da qual vemos apenas os fundos, encontraríamos certamente uma representação clássica, o *portrait* dos soberanos. *Las meninas* é a representação espacial de uma organização social e política, produtora por sua vez de uma forma estética que denominamos "representação clássica".

Não poderíamos deixar *Las meninas* sem abordar a forma como representa o tempo. Em "As aventuras da imagem em Michel Foucault",[14] Rachida Triki nos fala de uma "imagem-ficção". Para ilustrar sua tese, descreve a "geografia pictural" da representação clássica que, apesar de sua origem na Antigüidade grega, somente no *Quattrocento* adquire fundamentos científicos com o desenvolvimento da perspectiva.[15] A pintura clássica constrói a ilusão de um

---

[14]Rachida Triki, "As aventuras da imagem em Michel Foucault", em *L'image — Deleuze, Foucault, Lyotard*, Paris, Vrin, 1997.

[15]Em *A face pintada em pano de linho — moldura simbólica da identidade brasileira*, Alberto Cipiniuk aborda a introdução dos métodos científicos na representação clássica do Renascimento a partir do pensamento de Descartes que "julgava o senso comum da sensatez como argumento precário para o entendimento do mundo" e "propôs então um outro critério, desta vez calcado em um modelo matemático, pois estava julgando a convenção anterior, o acordo social, que, segundo sua nova percepção, não distinguia com clareza as fronteiras entre o homem e as coisas do mundo". E prossegue: "O novo acordo para a representação das coisas do mundo se chamava, portanto, naturalista e se expressava, como em Descartes, por meio de uma lógica apropriada de um modelo matemático oriundo da Antigüidade, da escola de Zenão de Eléia, a geometria pitagórica." Alberto Cipiniuk, *A face pintada em pano de linho — moldura simbólica da identidade brasileira*, Rio de Janeiro, Loyola/PUC-Rio, 2003, p. 90.

ESTÉTICA DA MULTIDÃO

espaço tridimensional a partir de rígidos esquemas de organização espacial estando, portanto, substancialmente relacionada a um *savoir-faire* cenográfico, ou seja, à imposição da distância entre os atores e os espectadores da representação.[16] Triki descreve a construção geométrica do espaço a partir de um cubo imaginário, por trás da superfície bidimensional do quadro: "Na base desse cubo, se desdobra, num sábio cálculo de proporção e de volume, a cena em que acontece, através de uma relação inteligível dos elementos pictóricos, um evento, uma história."[17] Sem aprofundar a complexa interdependência entre espaço cênico e espaço pictural, salientemos a afirmação de que, através dessa relação, "um espaço de narração se tornou possível".[18] Triki afirma que "a mais rudimentar separação fundo/primeiro plano dá origem à ilusão de um espaço orgânico e ordenador onde as imagens sucessivas mantêm, necessariamente, relações ilustrativas e narrativas que adquirem sentido num tempo cronológico".[19] Essa separação espacial estaria portanto relacionada a uma distinção temporal:

---

[16]A representação clássica estabelece, a nosso ver, uma dupla distância. A primeira é aquela que deriva imediatamente do modelo matemático proposto por Descartes, aqui explicado por Cipiniuk (*op. cit.*, p. 91), que supõe uma "alienação entre o autor da representação e o modelo a ser representado, uma definição mais clara entre o que é sujeito (homem) e o que é objeto". Essa distância ganha em *Las meninas* uma conotação política transcendental: à distância sujeito-objeto junta-se a separação representante-representado.

[17]Rachida Triki, *op. cit.*, p. 112.

[18]*Idem.*

[19]*Idem.*

Ele [o tempo] surge no plano de fundo do quadro como o eterno, espaço de universal presente, que encerra todo passado e todo futuro. Desdobra no proscênio as seqüências ordenadas de acontecimentos, apreendidos a partir da distinção de elementos figurados cuja justaposição ou distanciamento definem a clareza das relações necessárias. É assim que ordem, história e narrativa se sustentam nos limites do espaço do enquadramento, no equilíbrio das linhas simétricas e dos ângulos fechados.[20]

O que nos interessa, na separação cenográfica descrita por Triki, é a distinção entre o *universal* (o fundo do quadro, onde encontramos o reflexo distante dos soberanos) e o *histórico* (o proscênio onde se encontram o pintor, a infanta e os outros personagens), distinção que denota uma dimensão política. Veremos mais adiante que, através da questão temporal, é possível estabelecer uma relação entre esses dois planos pictóricos e os dois discursos — jurídico-filosófico e histórico-político — que atravessam a modernidade tal como descreve Foucault em *"Il faut défendre la société"*.

À semelhança da sociedade extremamente hierarquizada e centralizada que a produz e da concepção de poder transcendental que a atravessa, a estética clássica afirma a impossibilidade de colocar num mesmo plano, espacial e temporal, aquele que representa e aquele que é representado. A distância e a perenidade do poder serão retomadas através da análise das imagens produzidas pelo sistema acadêmico construído sob o reinado de Luís XIV, tal como

---

[20]*Ibid.*, p. 113

descrito por Burke. A proximidade e a relatividade do poder serão abordadas através do estudo das imagens de resistência, em especial aquelas que, prolongando os festejos carnavalescos, encontram sua concretização formal no realismo grotesco, tal como apresentado por Bakhtin.

1.2. DISTÂNCIA E PERENIDADE DO PODER NA REPRESENTAÇÃO CLÁSSICA

Mencionamos anteriormente que, se girássemos a tela da qual vemos apenas os fundos, nos defrontaríamos certamente com uma representação clássica, o *portrait* dos soberanos. Em *A fabricação do rei*, Peter Burke[21] nos mostra como foi construída a imagem pública de Luís XIV.[22] Burke enfatiza o fato de a imagem real ter sido "fabricada" de acordo com a racionalidade de um momento histórico que se afasta da Idade Média e se dirige à Idade Moderna, e insiste no aspecto coletivo dessa construção que perdurou por mais de meio século. Apresenta então uma história da fabricação, circulação e recepção das imagens do poder, produzidas por um sistema complexo e sofisticado. Verificaremos a seguir que "a fabricação do rei" corresponde à construção, espacial e temporal, da separação social e da perenidade política.

---

[21]Peter Burke, *A fabricação do rei: a construção da imagem pública de Luís XIV*, Rio de Janeiro, Jorge Zahar Editor, 1994.
[22]Luís XIV reinou sobre a França por 72 anos, de sua subida ao trono em 1643 até sua morte em 1715.

1.2.1. Distância: manipulação e espetáculo

Como mencionamos anteriormente, a representação está, por definição, relacionada à idéia de distância espacial ou ausência temporal. Vimos como pessoas ou objetos "representavam" ou "tomavam o lugar" do rei em sua ausência. Por sua vez, o rei era, simultaneamente, o representante de Deus[23] e o representante do Estado. Burke afirma que "Luís é notório pelo epigrama que lhe foi atribuído: 'o Estado sou eu'".[24] Representar significa, nesse caso, distinguir o plano em que se situa o representante daquele no qual se encontram os que são representados. A separação dos dois planos implica a utilização de mecanismos de distanciamento.

Burke assinala, ao longo dessa fabricação imagética, a existência de duas percepções opostas do soberano e de suas imagens: uma visão cínica, segundo a qual "a arte oficial e a literatura desse período deveriam ser interpretadas como uma forma de 'ideologia', definida como uma série de truques feitos para manipular leitores, ouvintes e espectadores"[25] e uma visão segundo a qual essas imagens correspondem efetivamente a necessidades psicológicas de símbolos de centralidade:

> [...] os cínicos são de fato reducionistas, recusando-se a considerar o mito, o ritual e a adoração como respostas a uma necessidade psicológica [...]. Por outro lado, o modelo concorrente presume muita facilidade em que todas

---

[23]"Os soberanos eram 'os representantes da majestade divina'", *ibid.*, p. 21.
[24]*Ibid.*, p. 21.
[25]*Ibid.*, p. 23.

as pessoas em dada sociedade acreditavam nos mitos desta. Não abre espaço para casos concretos de falsificação e manipulação.[26]

Burke procura conciliar essas posições:

[...] tanto o rei como seus conselheiros tinham consciência dos métodos pelos quais as pessoas podem ser manipuladas por meio de símbolos. [...] Contudo, os objetivos com que manipulavam os demais eram obviamente escolhidos a partir do repertório oferecido pela cultura de seu tempo.[27]

Embora fique a clara preocupação do rei e de seus conselheiros com a imagem real, a comparação[28] entre os panegiristas de Luís XIV e os publicitários políticos de nossos tempos requer cuidado. Ao abordar a construção da imagem por parte do poder, não podemos evitar a questão da manipulação — fruto, a nosso ver, da distância entre o que representa e o que é representado e origem do conflito social — e dos meios que a veiculam. Burke assinala a infinidade de meios utilizados na construção da imagem real: pinturas a óleo, pastéis, esmaltes, assim como esculturas em materiais como bronze, pedra, madeira, terracota e cera. A imagem real se desdobra da infância até a digna

---

[26]*Ibid.*, p. 23.

[27]*Ibid.*, p. 24.

[28]A questão é complexa, pois, se a história permite criar um diálogo entre culturas de ontem e de hoje, é necessário investigar áreas afins (nesse caso, o autor cita a ciência política, a antropologia e a psicologia social) para não cair em armadilhas ao comparar a relação entre arte e poder em contextos tão distintos.

velhice retratada por Hyacinthe Rigaud (*Figura 2*), totalizando um número "notável para os padrões da época".[29] Em complemento a esses meios distintos e exclusivos, Burke relata a importância dos meios passíveis de reprodução em escala, como medalhas e "impressos" (xilogravuras, águas-fortes, calcografias e gravuras). E, por fim, aborda os meios múltiplos "em que palavras, imagens, movimento e música formam um todo",[30] como peças teatrais, balés e rituais de toda sorte: coroação, entrada real, casamento e funeral. As visitas solenes às cidades, com orações e exibições públicas de tapeçarias ilustrando os feitos do rei, eram muito apreciadas no meio popular e driblavam o sério problema do analfabetismo. Devemos assinalar que as representações picturais, esculturais ou espetaculares mantêm a distância[31] característica da concepção política que as permeia e do sistema social que as produz.

Com efeito, após analisar os meios, gêneros e estilos, Burke disseca um sistema de comunicação sofisticado, do qual participa um grande número de pessoas:

> [...] a imagem real deve ser considerada uma produção coletiva. Pintores, escultores e gravadores contribuíram para ela. Assim também os alfaiates do rei, seu cabelei-

---

[29]*Ibid.*, p. 28.

[30]*Ibid.*, p. 29.

[31]Burke cita inúmeros exemplos da distância entre o rei e o restante da sociedade. Assinalemos apenas um: "A entrada real se deu no dia 26 de agosto de 1660. De manhã, o rei e a rainha foram entronizados num trono sobre uma alta plataforma para receber o 'respeito e a submissão' da cidade e suas corporações (entre elas a Universidade e o Parlamento), que desfilaram em procissão perante o tablado, enquanto seus representantes prestavam homenagem ao rei, como a nobreza o fizera por ocasião do *sacre*" (*ibid.*, p. 55).

reiro e seu professor de dança. Assim também os poetas e coreógrafos dos balés da corte, e os mestres-de-cerimônias que supervisionaram a coroação, as entradas reais e outros rituais.[32]

Burke salienta, porém, que a produção coletiva teve um diretor: o cardeal Mazarin. A construção da imagem pelo poder, embora coletiva, recorria ao comando,[33] isto é, ao ordenamento de um sujeito externo à produção. Mazarin organizou o sistema de produção da imagem real, tal como o casal soberano ordenou a disposição dos elementos do quadro *Las meninas*. Após a morte de Mazarin em 1661, Jean-Baptiste Colbert passou a supervisionar o patrocínio real das artes e organizou, com essa finalidade, um sistema de organismos oficiais que mobilizou artistas, escritores e eruditos a serviço do rei:[34] um grande número de academias foram criadas (Academia Francesa, Academia de Dança), além de instituições tais como a fábrica nacional dos Gobelins e vários jornais.

Como a administração do Estado, a criação da imagem pública do rei era organizada a partir do centro. [...] No topo estava o próprio rei [...]. Imediatamente abaixo de Luís vinha Colbert, que gostava de segurar pessoalmente todos os cordões, a despeito de suas outras ocupações. Em seguida vinham os homens de Colbert, especialmen-

---

[32]*Ibid.*, p. 58.
[33]Aprofundaremos a questão do comando no capítulo 3: este é um dos elementos mais importantes na distinção entre imagens construídas pelo poder (permanência do comando transcendente) e imagens que se opõem a ele (possibilidade da cooperação imanente ao campo social).
[34]*Ibid.*, p. 62.

te três deles. Chapelain o aconselhava no plano da literatura, Lebrun, no da pintura e da escultura, e Charles Perrault, no da arquitetura.[35]

As instituições, frutos de uma política de glorificação do rei através das artes, se burocratizaram rapidamente. Burke assinala que, no decorrer do reinado, as artes passaram a ser cada vez mais administradas por funcionários públicos, com horários fixos de trabalho. Torna-se clara aqui a relação entre uma convenção estética — a representação clássica — e a organização social que a produziu. Esse funcionamento hierarquizado e centralizado construiu, de certa forma, seus próprios limites. Apesar de um resultado quantitativo considerável em número de obras de arte produzidas, a institucionalização e a burocratização do sistema contribuíram para a crítica da forma de representação, política e estética, do poder.[36]

O sistema de criação da imagem pública do rei não se encerrou na produção artística acadêmica. Num período que vai de 1661 a 1667, a fabricação da imagem real abrangeu da mitificação pessoal no território doméstico à construção diplomática no continente europeu. Embora menos concretas que a produção acadêmica, essas formas parecem ser mais duradouras. Burke apresenta uma ampla variedade de textos e imagens produzidos a fim de gerar o mito de um rei que toma decisões por si próprio. E cita o planejamento de verdadeiros incidentes diplomáticos

---

[35]*Ibid.*, p. 70.
[36]Embora o modelo de representação clássica perdure até os dias de hoje, é difícil afirmar que os retratos oficiais ou eleitorais tenham o mesmo poder e fascínio dos *portraits* reais.

ESTÉTICA DA MULTIDÃO

com o objetivo de demonstrar simbolicamente a superioridade do monarca francês sobre o rei Felipe IV da Espanha e, em outra ocasião, sobre o papa. Luís XIV também soube tirar proveito, em termos de imagem, da Guerra da Devolução, em 1667-8, e da Guerra Holandesa, em 1672-8. Inúmeras pinturas, gravuras, tapeçarias, medalhas, poemas e relatos históricos foram produzidos para glorificar o rei. Alegorias foram amplamente utilizadas, a ponto de Burke afirmar que, nesse período, "os artistas da corte devem ter se cansado de representar Vitórias aladas",[37] embora nem sempre a retórica oficial do triunfo correspondesse aos reveses franceses. Com efeito, a distância entre os efeitos visuais e os fatos reais acentuou-se nas imagens produzidas ao final do reinado de Luís XIV.[38] Assim como a burocratização do sistema, seu afastamento concreto da realidade social também preparou o terreno para a crítica, política e estética, da representação monárquica.

1.2.2. Perenidade: santos e mitos

Em 1688, ao completar 50 anos de vida e 45 anos no poder, a decadência física do rei era visível. A ela somava-se a política declinante de um período sem paz nem vitórias a celebrar. Burke interroga-se sobre como os fabricantes da imagem lidaram com a distância entre a retórica e a realidade:

> [...] havia incômodas discrepâncias entre a imagem oficial do rei e a realidade cotidiana tal como percebida por seus

---

[37]*Ibid.*, p. 89.
[38]À incompatibilidade entre o herói invencível e as derrotas militares, soma-se a diferença entre a "altura real de 1,60 metro" e a "altura social".

contemporâneos, mesmo simpatizantes. Essas discrepâncias, ainda que não fossem, evidentemente, exclusivas desse governante específico, complicavam a tarefa dos artistas, escritores e outros envolvidos com o que se poderia chamar de a "administração" da imagem real.[39]

Nessa fase em que o rei já não contava mais com o conselho de ministros poderosos, nem dispunha de artistas de peso, a estratégia para a representação das guerras foi a de valorizar cada pequena conquista, mesmo insignificante. Cartas pessoais do rei demonstram, contudo, sua consciência do desastre político. Houve "uma necessidade real de compensação psicológica ou, nas palavras de homens da época, como Surville, de desviar a atenção".[40] Uma das técnicas empregadas consistiu em relacionar a imagem de Luís XIV àquela de são Luís de modo que, ao longo do reinado, essa associação foi institucionalizada sob forma de homenagens ao rei, por ocasião das festas de culto ao santo. A associação da imagem do rei àquela do santo foi, sem dúvida, uma forma de afirmar a eternidade do poder real. A mitologia grega também foi amplamente utilizada, com essa mesma finalidade: existem inúmeras representações de Luís XIV figurando no lugar de Apolo, Júpiter, Hércules ou Netuno.[41]

Burke assinala, no entanto, um novo tipo de problema surgido na segunda metade do século XVII: a "crise das representações". A primeira dimensão da crise, "o declínio da Antigüidade", consistiu em um debate sobre a eventual

[39]*Ibid.*, p. 137.
[40]*Ibid.*, p. 125.
[41]*Ibid.*, p. 41.

superioridade da cultura clássica sobre a cultura moderna, debate que se estendia à ciência e à política. A segunda, "o declínio das correspondências", dizia respeito ao que pode ser chamado de "analogia orgânica". Burke nos explica que

> [...] se um soberano dessa época era representado como (digamos) Hércules, isso era muito mais que uma metáfora para dizer que era forte [...] O soberano era identificado, no sentido forte do termo, com Hércules, como se a aura do semideus tivesse se transferido para ele.[42]

Essas analogias constituíram o que Burke aponta como a "mentalidade mística" difundida por toda Europa, mas profundamente abalada pela revolução intelectual iniciada por Descartes e Galileu, Locke e Newton. Produziu-se, a partir do deslocamento da "correspondência objetiva" (em que o rei é profundamente identificado com Hércules) para a "metáfora subjetiva" (em que o rei é forte como Hércules), a substituição de uma forma mais concreta de pensamento por uma forma mais abstrata. Esse deslocamento significou

> a ascensão da fé na razão, e a ascensão do que é cômodo chamar de "relativismo cultural", em outras palavras, a idéia de que arranjos sociais e culturais particulares não são estabelecidos por Deus ou necessários, mas contingentes. Variam de lugar para outro e podem mudar de um tempo para outro.[43]

---

[42]*Ibid.*, p. 139.
[43]*Ibid.*, p. 141.

Em suma, a relativização das concepções sociais e políticas.

O que é importante assinalar é que essa revolução intelectual teve importantes conseqüências sociais e políticas: "Os reis estavam perdendo suas roupagens simbólicas. Estavam sendo demitizados e desmistificados."[44] Perguntamo-nos, no entanto, se o que ocorreu não foi apenas uma substituição dos mitos clássicos pelos mitos modernos.[45] Levantamos essa hipótese a partir de própria afirmação de Burke de que a revolução intelectual foi claramente percebida pelos colaboradores do rei, que não hesitaram em procurar outras formas de retórica para a legitimação do poder: nas novas medalhas, as inscrições de inspiração clássica foram substituídas por estatísticas que contabilizavam vitórias e outros feitos. Não seria a ciência criadora de uma nova mitologia?

1.2.3. O tom da crítica: a paródia

Burke assinala também um "reverso da medalha",[46] ou seja, a existência de imagens que divergiam daquelas produzidas pelo poder. Distingue dois tipos de divergência: a primeira era elaborada por súditos leais que apenas zombavam da corte e a segunda era produzida por inimigos ferrenhos

---

[44]*Ibid.*, p. 141. Burke se refere aqui ao que Pierre Bourdieu chamaria de "capital simbólico". Por demitização, Burke entende o afastamento real da mitologia grega. E por desmistificação entende o fim da mistificação existente sobre o rei.

[45]É o que veremos efetivamente nos cartazes políticos do século XX, como, por exemplo, aqueles que se servem dos mitos do cinema hollywoodiano para a glória ou a crítica dos dirigentes contemporâneos.

[46]*Ibid.*, p. 147.

ESTÉTICA DA MULTIDÃO

do rei. Entre os temas abordados encontramos a ambição do rei, sua falta de escrúpulo moral e religioso, sua tirania, sua vaidade, assim como suas debilidades militares, sexuais e intelectuais. O sistema de produção artística tampouco escapou à crítica de artistas e escritores dissidentes:

> As pinturas de Versailles eram apresentadas como manifestações da arrogância do rei, as academias eram consideradas instrumentos de despotismo, enquanto as pensões que o rei dava a escritores, e até a construção do Observatório, foram interpretadas como meios de afastar os intelectuais da política e da crítica ao governo.[47]

Havia, portanto, uma clara percepção da relação entre uma concepção política, um sistema de produção artística e um tipo de imagem. Nesse sentido, a crítica ao regime político e à organização social passava pela subversão das imagens produzidas: às imagens oficiais, os críticos respondiam com imagens jocosas. Artistas e escritores, simpatizantes ou críticos, criavam sobre os mesmos temas, sendo que os segundos desenvolviam paródias a partir dos motivos criados pelos primeiros. A paródia[48] mantinha uma relação com a forma como é representado o poder na estética clássica. Embora não afirmasse uma concepção política ou social própria, ela alimentou a crise da representação:

---

[47]*Ibid.*, p. 156.
[48]Mais adiante no capítulo 3, por conta de sua relação com a representação clássica, consideraremos as paródias como representações potentes do poder.

Até a coroa de louros foi usada contra Luís. Um poema zomba da hesitação de Vitória no ato de coroar o rei, enquanto a contrafação de uma medalha do monumento mostra Vitória retirando a coroa, num exemplo lindamente literal do que o crítico russo Bakhtin chamava de "descoroação".[49]

Parece-nos importante assinalar a potência dessas formas de criação, sua ação irredutível contra o poder. Todavia, enquanto o sistema que produziu as imagens glorificadoras do rei é amplamente descrito, a organização e a distribuição dos textos e imagens críticos são pouco abordadas por Burke. A edição das obras dissidentes aconteceu sobretudo na Holanda, para onde protestantes fugiram na década de 1680, sendo a contrafação da história metálica de Menestrier, com a reprodução de cinco medalhas satíricas, a mais significativa. Os motivos que geraram essa produção crítica variaram de convicções políticas e religiosas a razões mais oportunistas, como desapontamento pessoal ou exclusão do sistema de patrocínio real. O que leva Burke a concluir que

> [...] a campanha de propaganda contra Luís foi, é claro, consideravelmente menos coordenada que a campanha a favor. Jornalistas em Londres, medalhistas em Nuremberg, exilados huguenotes na República Holandesa e críticos franceses do rei não podiam se comunicar facilmente entre si. Ironicamente, era a imagem do rei que dava aos ataques alguma coerência.[50]

---

[49]*Ibid.*, p. 157.
[50]*Ibid.*, p. 160.

ESTÉTICA DA MULTIDÃO

A partir dessa constatação, Burke se interroga sobre a eficácia da produção dissidente, ou seja, sobre a capacidade de as imagens críticas influenciarem o comportamento dos súditos. No entanto, nos parece inadequado pensar a produção de imagens críticas a partir de uma "coordenação", assim como verificar sua recepção em termos de "eficácia". O fato de a paródia ter como origem as imagens oficiais não significa que esta deva ser pensada como produção coordenada ou campanha da qual possamos medir a eficácia. O sistema criado por Luís XIV produziu um conjunto de imagens relativamente coerentes entre si, que geraram por sua vez, através da paródia, entre outros recursos, uma infinidade de imagens sem nexo entre si. Enquanto a produção sob coordenação real gerou um conjunto de imagens bastante homogêneo, apesar dos diferentes aportes de meios e estilos por parte dos artistas envolvidos, a produção crítica foi fortemente heterogênea. Propomos a seguir examinar mais de perto essa práxis popular, múltipla e potente.

1.3. PROXIMIDADE E RENOVAÇÃO DO PODER NA ESTÉTICA CARNAVALESCA E POPULAR

Vamos nos concentrar em seguida na estética que surge da cultura popular da Idade Média e do Renascimento, baseando-nos nos estudos de Bakhtin sobre Rabelais, escritor cuja "resistência a ajustar-se aos cânones e regras da arte literária vigente desde o século XVI até aos nossos dias"[51]

---

[51]Mikhail Bakhtin, *A cultura popular na Idade Média e no Renascimento*, São Paulo/Brasília, Ed. UnB, 1999, p. 2.

é notória. Considerando "impossível chegar a ele seguindo qualquer dos caminhos batidos que a criação artística e o pensamento ideológico da Europa burguesa adotaram nos quatro séculos que o separam de nós",[52] Bakhtin empreende um profundo estudo das fontes populares que serviram à obra literária rabelaisiana assim como à produção iconográfica desse período. Fontes que tiveram no carnaval, quando "o mundo infinito das formas e manifestações do riso opunha-se à cultura oficial, ao tom sério, religioso e feudal da época",[53] o seu momento festivo e no realismo grotesco, o seu traço formal. Em ambos percebemos características espaciais e temporais intimamente relacionadas a uma concepção social e política da época medieval e renascentista. Uma concepção especificamente popular cujo riso ecoa sua potência.

1.3.1. *"O carnaval não tem nenhuma fronteira espacial"*[54]

Organizados de forma cômica, os festejos carnavalescos ofereciam "uma visão do mundo, do homem e das relações humanas totalmente diferente, deliberadamente *não-oficial, exterior à Igreja e ao Estado*",[55] sugerindo desse modo "a possibilidade de um mundo totalmente diferente, de uma ordem mundial distinta, de uma outra estrutura da vida".[56] Perguntamo-nos, então, qual é a forma dessa "segunda vida" liberta das verdades oficiais produzidas através de suas representações.

---

[52]*Ibid.*, p. 2.
[53]*Ibid.*, p. 3.
[54]*Ibid.*, p. 6.
[55]*Ibid.*, p. 4.
[56]*Ibid.*, p. 42.

ESTÉTICA DA MULTIDÃO

Bakhtin afirma que o carnaval na Idade Média e no Renascimento não é um espetáculo teatralizado, em que uma fronteira espacial — o palco — distingue os atores dos espectadores. Contrariamente às festas da Igreja e do Estado — apresentados e reproduzidos em pinturas, esculturas ou rituais para o público, como vimos em Burke —, por não ser representado por uns e assistidos por outros, o festejo carnavalesco tende a abolir as distâncias sociais:

> Nas festas oficiais, com efeito, as distinções hierárquicas destacavam-se intencionalmente, cada personagem apresentava-se com as insígnias dos seus títulos, graus e funções e ocupava o lugar reservado para o seu nível. Essa festa tinha por finalidade a consagração da desigualdade, ao contrário do carnaval, em que todos eram iguais e onde reinava uma forma especial de contato livre e familiar entre indivíduos normalmente separados na vida cotidiana pelas barreiras intransponíveis da sua condição, sua fortuna, seu emprego, idade e situação familiar.[57]

Enquanto a distância social é enfatizada nas representações pictóricas da Igreja ou do Estado — como vimos em *Las meninas*, em que o corpo social observa estático o espetáculo da realeza —, "os espectadores não assistem ao carnaval, eles o *vivem*, uma vez que o carnaval pela sua própria natureza existe para *todo o povo*".[58] Contrariamente ao espetáculo clássico, que preserva as hierarquias sociais ao manter representantes e representados em planos distintos, o evento carnavalesco abole as distâncias,

[57]*Ibid.*, p. 9.
[58]*Ibid.*, p. 6.

integrando os atores sociais num mesmo plano, numa mesma vida. A forma da "segunda vida" é assim concebida e vivida espacialmente.

Por outro lado, Bakhtin assinala a relação particular do carnaval com o *tempo*: enquanto o rito oficial e a estética acadêmica que lhe corresponde consagram a estabilidade e a perenidade das regras que regem o social, a festa carnavalesca busca a transformação e a renovação contínua das mesmas. De certo modo, enquanto o espetáculo institucional recorre ao passado — através da imobilidade[59] acadêmica de suas representações —, o evento carnavalesco aponta para o futuro, expressando "nas suas imagens o devir, o crescimento, o inacabamento[60] perpétuo da existência".[61]

Percebemos, através das particularidades espaciais e temporais dos festejos carnavalescos, a abolição da distância física entre os atores sociais e a relativização da duração temporal das autoridades e verdades do poder. Essa concepção específica do mundo, "oposta a toda idéia de acabamento e perfeição, a toda pretensão de imutabilidade e eternidade, necessitava manifestar-se[62] através de formas de expressão dinâmicas e mutáveis (protéicas), flutuantes

---

[59]A imobilidade é o atestado de poder, de grandeza do rei: "Sua atitude é em geral impassível e imóvel, pose que também simboliza o poder. Provavelmente era a isso que os autores da época se referiam ao comentar o 'ar' de grandeza ou majestade dos retratos reais" (Peter Burke, *op. cit.*, p. 44).

[60]"Inacabamento" é o termo utilizado pela tradutora Yara Frateschi ao longo do livro de Bakhtin e que mantemos em nosso estudo.

[61]Mikhail Bakhtin, *op. cit.*, p. 46.

[62]Daí, por oposição às "representações" da Igreja ou do Estado, vamos ao longo de nosso estudo nos referir a essas formas como "manifestações". Mais adiante, diferenciaremos as "representações de poder" das expressões de potência, distinguindo "representações potentes do poder" de "manifestações de potência".

ESTÉTICA DA MULTIDÃO

e ativas",[63] formas que contrastam com a representação clássica. Diferentes concepções de mundo e de poder tendem a gerar diferentes formas estéticas: de um lado, a representação impassível de uma soberania monárquica que se declara eterna e, de outro, a expressão de uma soberania popular que, na composição e no inacabamento de suas figuras, associa-se ao movimento da vida social. A liberdade na composição — ao evitar as regras impostas pela perspectiva — e no acabamento estético refletiria a relatividade das relações hierárquicas, isto é, a possibilidade de livre associação espacial e temporal, social e política.

1.3.2. Proximidade e renovação no realismo grotesco

Bakhtin afirma que a cultura carnavalesca da Idade Média e do Renascimento, regida pelo princípio da *vida material e corporal*, produziu um tipo peculiar de imagens que a "diferencia claramente das culturas dos séculos posteriores (a partir do Classicismo)"[64] e que foi denominada *realismo grotesco*.

As imagens grotescas[65] procedem, na realidade, de uma época muito antiga, anterior à arte pré-clássica dos romanos. Não podendo extrapolar os limites do nosso estudo, vamos nos restringir à "descoberta" dessas formas no século XV, a partir de escavações realizadas em Roma:

> Essa descoberta surpreendeu os contemporâneos pelo jogo insólito, fantástico e livre das formas vegetais, animais e humanas que se confundiam e transformavam entre si.

---

[63]*Ibid.*, p. 9.
[64]*Ibid.*, p. 17.
[65]Grotesco deriva de *grotta*, que significa "gruta" no idioma italiano.

Não se distinguiam as fronteiras claras e inertes que dividem esses "reinos naturais" no quadro habitual do mundo: no grotesco, essas fronteiras são audaciosamente superadas. Tampouco se percebe a imobilidade habitual típica da pintura da realidade: o movimento deixa de ser o de formas completamente acabadas — vegetais e animais — num universo também totalmente acabado e estável; metamorfoseia-se em movimento interno da própria existência e exprime-se na transmutação de certas formas em outras, no eterno inacabamento da existência.[66]

A primeira tentativa de análise teórica dessas expressões foi feita por Vasari,[67] que, segundo Bakhtin, as considerou "bárbaras", pois violavam as formas e proporções por ele consideradas "naturais". No entanto, a despeito da inquietude provocada pelas deformações e desproporções monstruosas, as imagens grotescas floresceram na cultura popular. Procuraremos entender, através das formas corpóreas e de suas relações espaciais e temporais, a concepção popular de organização social e política da sociedade medieval e renascentista.

Bakhtin afirma que, nesse período, "as manifestações da vida material e corporal não são atribuídas a um ser biológico isolado ou um indivíduo 'econômico' particular e egoísta, mas a uma espécie de corpo popular, coletivo e genérico".[68] O corpo popular e coletivo da Idade Média

---

[66]*Ibid.*, p. 28.

[67]Giorgio Vasari (Arezzo, 1511-Florença, 1574) foi pintor, historiador de arte e autor de um precioso relato da vida de artistas.

[68]Veremos mais adiante que essa concepção corporal está presente, de certa forma, na definição negriana da multidão: o corpo "popular, coletivo e genérico" da Idade Média prenunciaria a "carne" da multidão contemporânea?

ESTÉTICA DA MULTIDÃO

se contrapôs ao corpo burguês e individual surgido na passagem de uma sociedade feudal a uma sociedade organizada em classes. Coube, portanto, ao Renascimento abarcar formas estéticas distintas: a representação clássica — em que o corpo particular se distingue do social — e o realismo grotesco — em que ambos estão indissoluvelmente ligados num mesmo plano. Ao passo que no corpo clássico encontramos primoroso acabamento, no corpo grotesco "não há nada perfeito nem completo".[69] O corpo clássico é perfeitamente delimitado, fechado e isolado; o corpo grotesco é ilimitado, aberto e misturado ao seu entorno. Como? O realismo grotesco enfatiza as partes do corpo em que ele se abre ao mundo ou em que o mundo penetra nele — orifícios ou protuberâncias — assim como as funções que a elas correspondem — alimentação e defecação, coito e parto, nascimento e agonia. Sendo o corpo grotesco perenemente incompleto, é também eternamente regenerador.

Com efeito, o inacabamento físico relaciona-se com uma dimensão temporal em evolução,[70] ou melhor, em constituição:

> A imagem grotesca caracteriza um fenômeno em estado de transformação, de metamorfose ainda incompleta, no estágio da morte e do nascimento, do crescimento e da evolução. A atitude em relação ao tempo, à evolução, é um traço constitutivo (determinante) indispensável da imagem grotesca.[71]

---

[69]*Ibid.*, p. 23.
[70]Essa noção de evolução não tem necessariamente relação com a idéia de progresso, tal como pensada na modernidade.
[71]*Ibid.*, p. 21.

A relação do corpo grotesco com a sucessão das estações da vida constitui uma percepção temporal específica que nos interessa, na medida em que significa a possibilidade de contínua transformação social e política, relativizando desse modo a perenidade do poder tal como representado na estética clássica.

Percebemos, pois, como o processo material-corporal que rege o realismo grotesco se coloca em conflito com o princípio ideal-espiritual que predomina na estética clássica.[72] As dimensões espaciais e temporais das imagens populares em geral, e das manifestações corporais em particular, nos interessam na diferenciação com a estética clássica, embora Bakhtin alerte que é inadmissível interpretar o cânone grotesco "segundo o ponto de vista das regras modernas e nele ver apenas os aspectos que delas se afastam. O cânone grotesco deve ser julgado dentro do seu próprio sistema".[73] Todavia, os cânones clássico e grotesco interferiram continuamente um no outro, ora de modo enriquecedor, ora de modo profundamente conflituoso: "Sempre houve entre os dois cânones muitas formas de interação: luta, influências recíprocas, entrecruzamentos e combinações."[74] As lutas estéticas refletem, de certa forma, os conflitos sociais e políticos, pois, enquanto clássico foi o modo

---

[72]Esse segundo aspecto será retomado por Foucault, assim como por Negri, em outros termos: em Foucault, o encontramos na forma do conflito epistemológico entre discurso jurídico-filosófico e discurso histórico-político; em Negri, o encontramos na forma da crise política entre transcendência e imanência, entre poder e potência. Veremos que tanto o conflito epistemológico relatado por Foucault quanto a crise social e política descrita por Negri têm implicações no campo estético.

[73]*Ibid.*, p. 26.

[74]*Ibid.*, p. 27.

de representação predileto das classes dominantes (no caso a nobreza e, posteriormente, a burguesia), o grotesco foi a forma de expressão daqueles que se opuseram ao seu poder.

Em "L'affaire du collier de la reine",[75] a historiadora francesa Annie Duprat nos apresenta um belo exemplo de um "imaginário monstruoso popular", gerado pouco antes da Revolução Francesa. Se nas imagens produzidas pelo poder os reis foram esplendorosamente representados na forma de deuses (como, por exemplo, Luís XIV nas vestes de Apolo), nas imagens populares eles surgiram como monstros da mitologia greco-romana. A mesma referência clássica produziu imagens com opções estéticas e conotações políticas em conflito. Iniciando seu reinado com amplo apoio popular, mas construindo rapidamente uma péssima reputação devido a sua frivolidade e esbanjamento, Maria Antonieta viu-se envolvida, em 1784, num escândalo político-financeiro. Desejoso de se aproximar da corte, o cardeal de Rohan enviou à rainha, por intermédio de terceiros, um custoso colar que acabou sendo desmontado e revendido em Londres.[76] O caso veio a público, suscitou amplo protesto popular e gerou uma intensa produção iconográfica. Inúmeras variantes de "retratos" da rainha sob a forma de uma harpia circularam em gravuras, panfletos e jornais vendidos nas ruas. Durante o período revolucionário, várias espécies de monstros, harpias entre

---

[75]Annie Duprat, "L'affaire du collier de la reine", em Christian Delporte e Annie Duprat (orgs.), *L'événement — images, representation, mémoire*, Paris, Créaphis, 2003, p. 13.

[76]A rainha nunca chegou a receber o colar, entregue à condessa de Lamotte-Valors, que se fez passar por ela.

outros, foram sistematicamente associados às figuras dos aristocratas. Duprat afirma que essas figuras — cujas formas se afastam radicalmente da representação clássica — foram extremamente importantes na crítica do poder e da ordem estabelecida:

> Todas essas palavras, cochichadas, murmuradas, em seguida pronunciadas, cantadas e figuradas se transformam em um coro da indignação, em uma algazarra da contestação: assim, as opiniões dos públicos, colhidas nas ruas ou nos fundos das livrarias, tornam-se uma parte dessa "opinião pública" tão fácil de descrever quanto "difícil de definir". Os "rumores" que não cessam de acompanhar a monarquia absoluta francesa [...] se transformam então em uma Revolução, brutal e inesperada embora muito explicável. O ponto de inflexão se situa no momento em que o público toma consciência de sua capacidade de agir sobre os acontecimentos, e não apenas de reagir, através do escárnio, pela canção, farsa ou caricatura.[77]

A paródia não é mais suficiennte para a radical transformação. A esse ponto, não podemos deixar de apontar para um elemento que, para além da distinção espacial e temporal que percebemos na comparação entre a representação clássica e a estética popular, é fundamental na renovação social, política e estética: o riso.

---

[77]*Ibid.*, p. 21.

ESTÉTICA DA MULTIDÃO

1.3.3. O riso carnavalesco, o cômico grotesco: o tom da renovação

Se a seriedade permeia as imagens produzidas pela Igreja e pelo Estado, o riso alimenta as imagens carnavalescas. Em contraposição ao tom sério das representações clássicas, o cômico popular é, a nosso ver, mais do que um princípio, ele é o motor da renovação social e política:

> [...] o riso e a visão carnavalesca do mundo, que estão na base do grotesco, destroem a seriedade unilateral e as pretensões de significado incondicional e intemporal e liberam a consciência, o pensamento e a imaginação humana, que ficam assim disponíveis para o desenvolvimento de novas possibilidades.[78]

Bakhtin assinala três características do riso carnavalesco: ele é popular, coletivo e ambivalente. As duas primeiras são bastante evidentes, de modo que desenvolveremos apenas a terceira. Segundo Bakhtin, o riso carnavalesco foi, ao longo da modernidade, interpretado erroneamente como humor satírico, ou seja, foi reduzido a uma crítica negativa. Ora, Bakhtin deseja afirmar o caráter regenerador desse riso, sua capacidade de transformação positiva.[79]

O caráter regenerador do riso está em parte relacionado ao corpo. Com efeito, o traço marcante do realismo grotesco é o rebaixamento, isto é, "a transferência ao plano material e corporal, o da terra e do corpo na sua indissolúvel unidade,

---

[78]Mikhail Bakhtin, *op. cit.*, p. 43.

[79]Mais adiante, encontraremos essa positividade no conceito de resistência criadora (Foucault) ou potência (Negri).

de tudo que é elevado, espiritual, ideal e abstrato".[80] O rebaixamento é ambíguo pois é ao mesmo tempo negação e afirmação, degradação e regeneração, morte e vida. Entrando "em comunhão com a vida da parte inferior do corpo, a do ventre e dos órgãos genitais, e portanto com atos como o coito, a concepção, a gravidez, o parto, a absorção de alimentos e a satisfação das necessidades naturais",[81] o rebaixamento significa um novo nascimento. O caráter regenerador do riso carnavalesco, onipresente nas imagens grotescas, nem sempre foi compreendido. Com efeito, a interpretação negativa de Vasari prossegue nos séculos seguintes, acentuada pela formalização e pela privatização da vida festiva popular, sendo a *Commedia dell'arte* um exemplo desses processos. Bakhtin cita estudos realizados na Alemanha do século XVIII, mas os considera insuficientes para apreender o grotesco. Apresenta também, no século XIX, uma recuperação do grotesco pela dramaturgia romântica alemã, mas aponta o distanciamento entre a nova forma literária e a antiga forma festiva, com a conseqüente degeneração do riso vigoroso em humor, ironia ou sarcasmo.[82] Segundo Bakhtin, a força liberadora do humor não é comparável à potência regeneradora do riso carnavalesco.[83] A máscara é um elemento

---

[80]*Ibid.*, p. 17.

[81]*Ibid.*, p. 19.

[82]*Ibid.*, p. 33.

[83]Enquanto a primeira libera das forças opressoras, a segunda gera novas forças. Essa distinção de duas formas de riso é, para nós, de extrema importância, pois, em termos políticos, permite distinguir potência de antipoder: enquanto o antipoder libera do poder dominante, a potência cria novas capacidades de enfrentamento. O riso, em seu aspecto mais amplo, ou seja, na sua possibilidade de transformação política e social — potência —, está efetivamente presente nas imagens que examinaremos ao longo de nosso estudo. De modo geral, os elementos carnavalescos analisados por Bakhtin — tais como a máscara, as marionetes, o diabo — serão de grande utilidade para nossa interpretação das manifestações globais contemporâneas.

útil para expor essa diferença sutil: enquanto no grotesco romântico, a máscara "dissimula, encobre, engana"[84] — permitindo eventualmente ao portador liberar-se de seu opressor —, no grotesco medieval e renascentista,

> [...] a máscara traduz a alegria das alternâncias e das reencarnações, a alegre relatividade, a alegre negação da identidade e do sentido único, a negação da coincidência estúpida consigo mesmo; a máscara é a expressão das transferências, das metamorfoses, das violações das fronteiras naturais, da ridicularização, dos apelidos; a máscara encarna o princípio de jogo da vida [...][85]

O uso de marionetes também é significativo: no romantismo grotesco alemão, ele revela "uma força sobrehumana e desconhecida, que governa os homens",[86] força que adquire a forma aterrorizante do diabo, convertido contudo em "alegre porta-voz ambivalente de opiniões nãooficiais" no universo grotesco popular. Embora assinale as limitações do romantismo grotesco do século XIX, Bakhtin lhe atribui uma descoberta relevante: "O descobrimento do indivíduo subjetivo, profundo, íntimo, complexo e inesgotável",[87] indivíduo que não poderia existir no "mundo fechado, acabado, estável"[88] tal como foi desenhado pela estética clássica.

---

[84]*Ibid.*, p. 35.
[85]*Idem.*
[86]*Ibid.*, p. 36.
[87]*Ibid.*, p. 38. A descoberta pelos românticos de uma nova subjetividade, através do grotesco, é sem dúvida interessante, mas não será desenvolvida neste estudo.
[88]*Ibid.*, p. 39.

Após breve desinteresse a partir da segunda metade do século XIX, assistimos no século XX ao renascimento do grotesco. No entanto, Bakhtin volta a assinalar a "degeneração" do grotesco — do princípio cômico e de sua força regeneradora — por um lado e, por outro, a dificuldade dos estudos teóricos em apreender "a verdadeira natureza do grotesco, inseparável do mundo da cultura cômica popular e da visão carnavalesca do mundo".[89] O que Bakhtin chama de "degeneração" do grotesco nos parece ser a transformação dos *movimentos* carnavalescos em um *estilo* formal, literário ou artístico. Com efeito, ao afastar-se do campo social e político, os movimentos estéticos conformam-se em estilos visuais, institucionalizam-se, e perdem desse modo sua capacidade transformadora, sua potência. Daí nosso interesse em utilizar os instrumentos teóricos — carnavalescos e grotescos — apresentados por Bakhtin para a análise empírica das manifestações globais modernas e contemporâneas — e não de algum estilo formalizado —, pois é nelas que encontramos a "segunda vida" política e estética do povo, em conflito permanente com o poder e suas instituições.

---

[89]*Ibid.*, p. 41.

2. Transformações da soberania: continuidades das imagens do poder, multiplicidades das imagens da potência

Vimos anteriormente como, na sociedade medieval e renascentista, concepções opostas de organização social e política geraram diferentes formas visuais: uma estética popular se opôs à representação clássica. Através do estudo de Foucault, vamos avançar e aprofundar essas questões nas sociedades modernas. Em "*Il faut défendre la société*",[1] curso proferido no Collège de France em 1976, Foucault aborda as transformações da soberania transcendente (dos regimes monárquicos às sociedades disciplinares e controladoras) por um lado e, por outro, aponta a continuidade dos discursos que a legitimam assim como a multiplicidade dos discursos que a criticam. De nossa parte, a pequena colaboração que podemos acrescentar à percepção de Foucault é aquela que procura estender a abordagem dos discursos "verbais" aos "visuais", do *dizível* ao *visível*, de acordo com o vocabulário foucaultiano. É curioso observar como, uma vez no poder, os discursos revolucionários da França de 1789 recuperam, em termos políticos e estéticos, os discursos legitimadores das monarquias absolutistas. Poder e potência produzem teoria e iconografia própria, da qual procuramos constituir uma genealogia, ou seja, uma tentativa de dessubjugar suas formas históricas e

---

[1]Michel Foucault, "*Il faut défendre la société*" — *Cours au Collège de France, 1976*, Paris, Gallimard/Seuil, 1997.

torná-las livres. Abordaremos portanto as lutas dos saberes em três movimentos históricos para, em seguida, observá-las no campo iconográfico através da análise dos cartazes de maio de 1968, momento de insurreição contra os poderes e saberes constituídos.

2.1. SURGIMENTO, GENERALIZAÇÃO E DIALETIZAÇÃO DO DISCURSO HISTÓRICO-POLÍTICO

Foucault analisa os movimentos ocorridos no final dos anos 1960 e início dos anos 1970 na Europa como uma insurreição dos saberes subjugados, ou seja, desqualificados, não conceituais ou insuficientemente elaborados. Introduz a questão do poder, ou melhor, das lutas contra o poder, a partir da insurreição dos saberes "contra a coerção de um discurso teórico unitário, formal e científico".[2]

Para constituir uma genealogia das lutas dos saberes, Foucault recusa a abordagem abstrata. Propõe a apreensão de mecanismos de poder, no seio de uma relação de forças que deve ser analisada em termos de confronto e combate, e não em termos de contrato e alienação. Identifica, no século XVIII, dois grandes sistemas de análise do poder: aquele que concebe o poder como direito cedido através de contrato social para a constituição de uma soberania que, quando abusiva, se transforma em opressão e aquele que, a esse esquema *contrato-opressão*, contrapõe o esquema guerra-repressão, ou seja, a perpetuação de uma relação de dominação, em que a oposição entre legítimo e ilegítimo é substituída pela oposição entre submissão e luta.

---

[2]*Ibid.*, p. 11.

2.1.1. Do discurso filosófico-jurídico ao discurso histórico-político

O esquema contrato-opressão corresponde à teoria da soberania que se apóia num tripé: *unidade do sujeito*, *unidade do poder* e *unidade da lei*. Com efeito, a teoria da soberania estabelece primeiramente o que Foucault chama de *cycle du sujet au sujet*, o ciclo que transforma o sujeito dotado de direitos em elemento subordinado. Em segundo lugar, ela se fundamenta sobre uma unidade — na forma do corpo do monarca ou do Estado — da qual derivam todas as instituições do poder, realizando dessa maneira o ciclo dos poderes ao poder. E, por fim, consolida o ciclo das leis à Lei, ou seja, a subordinação àquela que se apresenta como a mais fundamental de todas as leis. É possível identificar a representação desse tripé na iconografia de Luís XIV[3] e de outros monarcas, revelando assim um modelo iconográfico-político. Foucault afirma que a teoria da soberania produz um discurso como

> um tipo de cerimônia, falada ou escrita [e, podemos acrescentar, visual], que deve produzir na realidade uma justificação do poder assim como seu reforço. [...] A história, como os rituais, como as sagrações, como os funerais, como as cerimônias, como as lendas, é um operador, um intensificador de poder.[4]

Esse discurso intensificador de poder tem duas funções: unir juridicamente os homens ao poder pela continuidade da lei e fasciná-los pela intensidade da glória de seus atos

---

[3] Peter Burke, *A fabricação do rei: a construção da imagem pública de Luís XIV*, Rio de Janeiro, Jorge Zahar Editor, 1994.
[4] Michel Foucault, *op. cit.*, p. 58.

heróicos. O que não fez Luís XIV — assim como tantos outros soberanos — senão fascinar súditos e consolidar seu poder através do discurso e da imagem?[5] A história baseada na teoria da soberania é *"o discurso do poder*, o discurso do brilho pelo qual o poder fascina, terroriza, imobiliza".[6] Em outras palavras, a história foi, desde a Roma antiga, a história da soberania unitária, legítima e brilhante.

Foucault estabelece como objetivo liberar o discurso histórico desse tripé fundamental — unidade do sujeito, do poder e da lei — e revelar, por trás da soberania, as relações de dominação. Em suma, propõe substituir a análise da "fabricação do rei" — a gênese do soberano — pelo estudo da "fabricação dos sujeitos" através da instauração da guerra como relação social permanente. Essa concepção surge entre os séculos XVI e XVII, a partir de Hobbes. Foucault considera que

> no fundo da ordem, por trás da paz, acima da lei, ao nascimento do grande autômato que constitui o Estado, o soberano, o Leviatã, não há somente para Hobbes a guerra, mas a guerra mais geral de todas as guerras, aquela que se desdobra em todos os momentos e em todas as dimensões: "a guerra de todos contra todos".[7]

Pergunta-se então: que guerra primitiva é essa que gera o Estado? A "guerra de todos contra todos" é um "estado de guerra" com representações de força, manifestações de vontade e táticas de intimidação. Como pode esse estado de guerra

---

[5]Uso da imagem amplamente descrito por Burke em *A fabricação do rei*.
[6]Michel Foucault, *op. cit.*, p. 60.
[7]*Ibid.*, p. 77.

ESTÉTICA DA MULTIDÃO

engendrar a soberania, o Estado, o Leviatã? Foucault afirma que, para Hobbes, a soberania nasce do medo:

> A soberania constitui-se portanto a partir de uma forma radical de vontade, forma que pouco importa. Essa vontade está ligada ao medo e a soberania jamais se forma por cima, ou seja, por decisão do mais forte, do ganhador ou dos pais. A soberania se forma sempre por baixo, a partir da vontade dos que têm medo.[8]

O que Hobbes diz é que pouco importa a guerra, visto que, no final das contas, encontramos sempre a soberania baseada no contrato, pois assim desejam os sujeitos amedrontados. Hobbes tenta justificar o discurso de Estado, discurso que conjura aquele das lutas. Para Foucault, a criação da soberania — do Estado — não se dá tão facilmente através do medo, mas enfrenta a ameaça permanente de revolta.

Por oposição ao discurso *filosófico-jurídico* dominante até então, o discurso que coloca a guerra como relação social permanente, como fundo inevitável de todas as relações e de todas as instituições de poder, se fortalece no final do reinado de Luís XIV na França. A primeira característica do discurso *histórico-político* é o estabelecimento de uma estrutura binária da sociedade: "Há dois grupos, duas categorias de indivíduos, dois exércitos presentes."[9] O sujeito que se pronuncia no discurso histórico-político está necessariamente em um dos campos. A segunda característica é sua busca de uma explicação "por baixo", que traduz a ordem da sociedade justamente pelo que há de mais

---

[8]*Ibid.*, p. 83.
[9]*Ibid.*, p. 44.

desordenado. Há, nesse sentido, uma inversão do eixo explicativo da lei e da história. E, por fim, sua terceira característica é a dimensão histórica da qual Foucault pretende

> definir e descobrir sob as formas do justo tal como é instituído, do ordenado tal como é imposto, do institucional tal como é admitido, o passado esquecido de lutas reais, de vitórias efetivas, de derrotas que foram talvez mascaradas, mas que permanecem profundamente inscritas.[10]

Esse discurso *histórico-político*, oposto ao tradicional discurso *filosófico-jurídico*, foi alimentado pela dupla contestação, aristocrática e popular, ao poder monárquico na França, mas despontou também na Inglaterra, com a invasão dos normandos. Foucault nos fala de um "direito saxão", apresentado como a lei originária e autêntica desse povo, que não reconhece o rei como soberano absoluto, mas apenas como chefe em tempos de guerra e, portanto, como figura histórica. O direito saxão foi abafado pelos normandos nos anos que se seguiram à conquista e recuperado pelos parlamentaristas ingleses como sustentáculo jurídico da república que desejavam instaurar. A revolta dos saxões fez despontar o outro lado da guerra, cuja face permanente era o governo e suas leis: "O governo é a guerra de uns contra os outros; a revolta será a guerra dos outros contra os uns."[11]

---

[10]*Ibid.*, p. 48. Essas características do discurso histórico-político, em particular a explicação histórica "por baixo", vai ao encontro da concepção de Maquiavel, descrita por Negri, de que o conflito não significa o início da desordem, mas uma necessidade intrínseca da própria ordem (ver no início de nosso capítulo 3).

[11]*Ibid.*, p. 94.

O *discurso da conquista e da revolta* assinalou que o triunfo de uns significa a submissão de outros, que a história de uns não é a história dos outros. Ao evidenciar as várias faces da história, as lutas fragmentam a unidade e quebram o brilho da soberania. A memória não tem mais como função manter a lei e a glória do poder, mas "mostrar que as leis enganam, que os reis se dissimulam, que o poder cria ilusão e que os historiadores mentem".[12] Foucault afirma que, ao desvendar "as dissimetrias, os desequilíbrios, as injustiças e as violências que funcionam apesar da ordem das leis, sob a ordem das leis e através e graças à ordem das leis",[13] a história das lutas se opõe à história intensificadora da soberania. Foucault situa no surgimento do discurso histórico-político a ruptura com a Antiguidade e a aurora da sociedade moderna, cuja "consciência histórica não está centrada na soberania e no problema de sua fundação, mas na revolução, suas promessas e suas profecias de libertações futuras".[14] E conclui que "todo tipo de poder, qualquer que seja, deve ser analisado não nos termos do direito natural e da constituição da soberania, mas como o movimento indefinido — e indefinidamente histórico — das relações de dominação de uns sobre outros".[15]

A concepção da história como um movimento contínuo de relações de dominação — da guerra de uns contra outros e de outros contra uns — geraria a possibilidade de novas e múltiplas formas estéticas, para além da representação iconográfica clássica da soberania? Acompanhemos a relação entre saber — histórico e iconográfico — e poder.

---

[12]*Ibid.*, p. 63.
[13]*Ibid.*, p. 69.
[14]*Ibid.*, p. 70.
[15]*Ibid.*, p. 95.

2.1.2. Generalização do discurso histórico-político: a guerra das nações e de seus saberes

A relação entre saber e poder surge a partir de um problema de pedagogia política: trata-se de definir o que o príncipe de Borgonha, sucessor de Luís XIV, deve saber sobre o Estado. Realiza-se, nessa ocasião, um amplo relatório administrativo sobre a economia, as instituições e os costumes da França. Ao ser encarregado pelo *entourage* do duque — ligado à reação nobiliária — de apresentar ao rei uma versão acessível do relatório, Boulainvilliers[16] protesta contra seu conteúdo inteiramente "colonizado, ocupado, prescrito, definido pelo saber do Estado sobre o Estado".[17] Com efeito, a administração dá ao rei os meios de governar o país, ao mesmo tempo que governa o rei pelo saber que lhe impõe. O que Boulainvilliers descobre, como objetivo estratégico, é a necessidade da ocupação do saber real.

Foucault nos mostra que o enfrentamento do discurso da nobreza empobrecida com o discurso do Estado sobre o Estado produz a separação entre o relato da história e o exercício do poder. Em outras palavras, a história não pertence mais exclusivamente ao poder, na medida em que surgem outros sujeitos capazes de contar sua própria história. Esse sujeito, que vai tomar a palavra na história e de quem vai falar a história, é o que o vocabulário da época designa por "nação". A nobreza constitui "uma nação diante de muitas outras nações que circulam no Estado e que

---

[16]Boulainvilliers é historiador e filósofo francês (1658-1722), autor de um ensaio sobre a nobreza da França.
[17]*Ibid.*, p. 112.

se opõem umas às outras".[18] As nações — a nobreza reacionária, a burguesia revolucionária e as camadas populares — constroem novos saberes e imagens, novas formas de história. O discurso da soberania, cuja função era glorificar e assim fortalecer o poder, tal como verificamos na unidade da iconografia apresentada por Burke, é fragmentado pelos discursos das nações,[19] que revelam as lutas por trás das instituições do poder. O tipo de análise histórica introduzida por Boulainvilliers, em sua empreitada de educar o sucessor de Luís XIV, relativiza o poder. Foucault cita como exemplo a descoberta por Boulainvilliers de que "o monarca permanente, hereditário e absoluto que a maior parte das monarquias européias — e em particular a monarquia francesa — conheceram"[20] não existia antes da invasão da Gália pelos francos, quando o rei era apenas um "chefe de guerra",[21] designado pelo tempo que perdurasse o conflito.

Foucault entrevê, na obra de Boulainvilliers, a percepção política de que "colocar-se como uma força na história implica, numa primeira fase, retomar consciência de si e se reinscrever na ordem do saber".[22] Considera sua obra

---

[18]*Ibid.*, p. 117.

[19]Notemos que Foucault contrapõe à definição "enciclopédica" de nação — multidão de homens residindo em determinado país circunscrito por fronteiras e obedecendo a conjunto de leis e governo únicos — uma definição fluida em que nação se torna uma "massa de indivíduos móveis de uma fronteira a outra, através dos Estados, sob os Estados, a um nível infra-estatal". Poderíamos entrever nessa definição móvel de nação um prenúncio da multidão negriana se não fosse por sua relação ainda demasiado forte com o Estado. Michel Foucault, *op. cit.*, p. 126.

[20]*Ibid.*, p. 134.

[21]*Idem.*

[22]*Ibid.*, p. 137.

fundamental para as análises histórico-políticas desde o século XVIII, pois se Clausewitz[23] pôde dizer, um século depois, que "a guerra é a política continuada por outros meios", é porque teve alguém que anteriormente mostrou que a política é a guerra continuada por outros meios. Boulainvilliers seria o primeiro historiador a colocar *a guerra como elemento central na análise histórica das sociedades*, afirmando que por trás de todo direito há lutas, negando portanto o direito natural e interessando-se então pela economia da guerra e pelos mecanismos de *renversement*.[24] A imagem política pode assim romper com seu destino de legitimação do poder, participar da economia geral das armas e contribuir para a inversão dos fracos em fortes. Foucault afirma que, com Boulainvilliers, "a história, a partir do próprio fato da guerra e a partir da análise que fazemos em termos de guerra, vai poder pôr em relação todas essas coisas: guerra, religião, política, costumes e caracteres, e será portanto um princípio de inteligibilidade da sociedade".[25]

A guerra como princípio de inteligibilidade da sociedade constitui, por um lado, a história dos súditos — a história sob o rei e seu poder — e, por outro, impõe a análise do campo histórico-político assim formado como uma força do campo social, e não como uma substância inerte. O saber histórico-político tornou-se um saber das lutas e

---

[23]Veremos também mais adiante com Hardt e Negri a inversão da afirmação de Clausewitz. Clausewitz foi um general e teórico militar prussiano (1780-1831).

[24]De "como os fortes se tornaram fracos e como os fracos se tornaram fortes". Michel Foucault, *op. cit.*, p. 142.

[25]*Ibid.*, p. 145.

portanto, em si mesmo, um instrumento das lutas. O mesmo ocorre com as imagens histórico-políticas, expressões da história sob o rei e seu poder.

Para melhor ilustrar as lutas por trás das instituições de poder, Foucault cita o reinado do último dos monarcas absolutos: por volta de 1780, quando a monarquia se vê atacada por todos os lados, é criado um Ministério da História — uma instância administrativa centralizadora da história — com o objetivo de opor-se à transformação da história em discurso geral das lutas políticas. Com base nesse episódio, Foucault distingue a *história das ciências*, baseada num eixo estável conhecimento-verdade, da *genealogia dos saberes*, baseada num eixo discurso-poder em que ocorre um "imenso e múltiplo combate dos saberes uns contra os outros"[26] no qual, a nosso ver, a imagem tem um importante papel a desempenhar. Ora, a cada vez que as lutas dos saberes se acirram, o Estado intervém de quatro modos: desqualificando os saberes que considera inúteis, "normatizando"[27] o intercâmbio, classificando hierarquicamente e centralizando o controle dos saberes. O disciplinamento dos saberes não impede, contudo, sob a Revolução Francesa, a generalização do discurso histórico enquanto tática, isto é, sua transformação em instrumento teórico e, supomos, iconográfico, à disposição de todas as lutas políticas — nobres, burguesas ou populares — do final do século XVIII.

Foucault afirma que há nas análises de Boulainvilliers a procura por um momento constituinte da política e da história:

---

[26]*Ibid.*, p. 159.
[27]Foucault entende por "normatização" a submissão dos saberes a normas preestabelecidas.

Faz-se história para restabelecer a constituição, mas constituição entendida não como um conjunto explícito de leis que teriam sido formuladas em certo momento. Não se trata tampouco de reencontrar uma espécie de convenção jurídica fundamental, que teria sido estabelecida no tempo, ou no arquitempo, entre o rei, entre o soberano e seus súditos. Trata-se de reencontrar algo que tenha consistência e situação histórica; que não é tanto da ordem da lei quanto da ordem da força.[28]

O que Foucault acredita ter sido possível com Boulainvilliers é o acoplamento entre constituição e revolução, em que por constituição se entende uma relação de força entre os poderes constituídos (ou institucionalizados) e os poderes constituintes, e não uma armadura legal. Essa "constituição" é incompatível com a lei, mas também com a natureza. Ao selvagem, "esse homem da natureza que os juristas e teóricos do direito se davam, antes da sociedade, para constituir a sociedade",[29] Boulainvilliers contrapõe o bárbaro. Ao contrário do selvagem alheio à história e que se submete ao contrato social em troca de segurança, o bárbaro se define no combate a uma determinada história e jamais cede sua liberdade.

Foucault pergunta-se, então: "O que devemos afastar e o que devemos guardar do bárbaro para fazer uma constituição justa?"[30] São as diferentes filtragens da barbárie que vão definir as táticas dos vários atores da Revolução Francesa. A questão central do discurso histórico do século

[28]*Ibid.*, p. 172.
[29]*Ibid.*, p. 173.
[30]*Ibid.*, p. 176.

XVIII não é revolução *ou* barbárie, mas sim revolução *e* barbárie, ou seja, a economia da barbárie na revolução. Foucault analisa um modelo de filtro[31] da barbárie, existente no século XVIII e apropriado pelos historiadores do século XIX, que sustenta que o sistema político dos romanos se desenvolveu em dois andares,[32] um governo central detentor de poder absoluto — poder institucionalizado — convivendo com as liberdades originárias dos gauleses — poderes constituintes —, em particular nas cidades:

> A liberdade [...] é um fenômeno compatível com o absolutismo romano; é um fenômeno gaulês, mas sobretudo urbano. A liberdade pertence às cidades. E é precisamente na medida em que pertence às cidades que esta liberdade vai poder lutar e tornar-se uma força política e histórica.[33]

É, segundo Foucault, a primeira vez que a história da cidade é incluída nas análises históricas a partir de sua ener-

---

[31]Foucault analisa na realidade três grandes modelos de filtro: o primeiro é absoluto por não permitir nenhuma forma de barbárie na história. É a tese da monarquia absoluta, defendida por historiadores como Dubos e Moreau; o segundo faz valer a liberdade dos bárbaros diante do absolutismo da monarquia. Mably, Bonneville e Marat falam de uma democracia bárbara dos francos, mas que leva historicamente ao restabelecimento da monarquia. E, por fim, o terceiro tipo de filtro distingue duas barbáries: uma ruim — a dos germânicos —, da qual é necessário libertar-se, e uma boa, pois é portadora de liberdade — a dos gauleses. Há portanto, nesse discurso, dissociação entre germanismo e liberdade, por um lado e, por outro, entre romanismo e absolutismo.
[32]Em *Império*, encontramos descrição semelhante do sistema político dos romanos a partir de Políbio. Este seria constituído por três níveis: o da monarquia, o da oligarquia e o da democracia. Michael Hardt e Antonio Negri, *Império*, Rio de Janeiro, Record, 2001.
[33]Michel Foucault, *op. cit.*, p. 182.

gia própria e, em particular, de um direito urbano fortemente elaborado sobre a antiga liberdade gaulesa. Às vésperas da Revolução Francesa, a burguesia recupera esse ideal liberal românico.

2.1.3. Revolução Francesa: movimento de autodialetização do discurso histórico-político

Com efeito, desde a primeira metade do século XVIII, a burguesia é favorável ao despotismo esclarecido, que exerce certa limitação sobre o poder monárquico baseando-se no saber (e não na história, ou seja, nas lutas), e, desde a segunda metade do mesmo século, ela demanda uma constituição que recorre ao direito natural e ao contrato social. Foucault demonstra como, a partir da experiência da Revolução Francesa e da demanda burguesa por uma constituição, a guerra como princípio de inteligibilidade das sociedades foi pacificada, quando não simplesmente eliminada do discurso histórico do século XIX. Em face do perigo "da guerra indefinida como pano de fundo da história e da relação de dominação como elemento principal da política"[34] introduzido a partir de autores como Boulainvilliers, o discurso histórico buscará algo como uma "reconciliação" ou, segundo Foucault, uma "autodialetização".

Foucault descreve o movimento de autodialetização a partir da reelaboração política do conceito de "nação". Por um lado, a tese monárquica concebe nação como um conjunto de "indivíduos que têm, todos, cada qual individualmente, uma certa relação, ao mesmo tempo jurídica e

---

[34]*Ibid.*, p. 193.

ESTÉTICA DA MULTIDÃO

física, com a pessoa real, viva, corpórea do rei. [...] A nação não faz corpo. Ela reside inteiramente na pessoa do rei".[35] Nesse sentido, acreditamos que a imagem paradigmática desse conceito de nação é o *portrait* de Luís XIV por Hyacinthe Rigaud. Por outro lado, as teses que se inspiram em Rousseau definem nação juridicamente — e não historicamente — a partir do contrato social. Em 1789, o deputado Sieyès afirma que, para haver nação, não é necessário um rei, mas leis comuns e condições específicas que são, por um lado, "trabalhos" — agricultura, artesanato, indústria e comércio —, e, por outro, "funções" — exército, justiça, Igreja e administração. Ao colocar como fundamental a capacidade da nação de produzir, de comercializar, de regulamentar e de administrar, Sieyès introduz a nação na história e define quem garante seu funcionamento: o Terceiro Estado. Ao confundir Terceiro Estado e nação, Sieyès nega tanto as teses monarquistas quanto aquelas inspiradas em Rousseau: "O que é o Terceiro Estado? Tudo. O que foi ele até o momento na ordem política? Nada. O que deseja ser? Deseja ser algo."[36]

Essa tese estabelece uma nova relação da particularidade à universalidade: embora não constitua a totalidade

---

[35]*Ibid.*, p. 195. E Foucault prossegue: "E dessa nação — simples efeito jurídico, de certa forma, do corpo do rei, cuja realidade residia na realidade única e individual do rei — da qual a reação da nobreza construiu uma multiplicidade de 'nações' (pelo menos duas, em todo caso); e, a partir daí, estabeleceu, entre essas nações, relações de guerra e de dominação; ela colocou o rei do lado dos instrumentos de guerra e de dominação de uma nação sobre a outra. Não é o rei que constitui a nação; é uma nação que escolhe um rei para lutar justamente contra as outras nações. E essa história, escrita pela reação da nobreza, fez dessas relações a trama da inteligibilidade da história."

[36]*Ibid.*, p. 194.

do corpo social, só o Terceiro Estado pode efetivamente construir a nação. O Terceiro Estado reivindica dessa forma a função totalizadora do Estado. Ao eliminar o conceito de nação como capaz, através de sua história particular, de decompor a unidade do Estado, substituindo-o pelo conceito de nação como núcleo do Estado, o discurso do Terceiro Estado gera uma universalidade funcional que faz desaparecer a antiga dualidade e as relações de dominação que dela decorriam. O discurso do Terceiro Estado coloca o Estado como fundamental na relação entre "uns e outros, de uma nação a uma outra, de um grupo a um outro".[37] Essa concepção, gerada a partir da modificação pela burguesia dos elementos fundamentais de inteligibilidade histórica que ela própria recolheu no século XVIII, e na qual cabe ao Estado a síntese das relações entre as nações, marca o nascimento da dialética.

Por que esses movimentos — surgimento, generalização e autodialetização — do discurso histórico, tais como descritos por Foucault, nos interessam para a análise iconográfica? Considerando que a imagem interage com o discurso histórico,[38] analisamos num primeiro tempo o discurso da soberania e as formas que adquire na iconografia de Luís XIV, assim como o surgimento de um discurso his-

---

[37]*Ibid.*, p. 211.
[38]Foucault se apresenta em 1967 como um *panofskien néophyte, et bien sûr enthousiaste* para comentar que "Panofsky suspende o privilégio do discurso (sobre a imagem). Não para reivindicar a autonomia do universo plástico, mas para descrever a complexidade de suas relações (da relação entre o visível e o dizível): entrecruzamentos, isomorfismos, transformações, traduções, em suma, todo o ziguezague do visível e do dizível que caracteriza uma cultura e um momento de sua história" (Michel Foucault, *Dits et écrits I, 1954-1969*, Paris, Gallimard, 1994, p. 621).

tórico-político que revela as lutas por trás das instituições de poder. Acompanhamos em seguida com Boulainvilliers, no final do reinado de Luís XIV, a generalização do discurso da guerra das nações — a guerra de uns contra outros e de outros contra uns — e de seus múltiplos saberes e imagens. E assistimos num terceiro tempo, no discurso do Terceiro Estado sob a Revolução Francesa, à concepção do Estado como síntese das relações entre as diversas nações em luta. Veremos a seguir como esses movimentos do discurso histórico explicam, por um lado, a continuidade das imagens do poder e, por outro, a multiplicidade das imagens de potência. Pois, como afirma Foucault, o discurso histórico que se constitui no século XIX utiliza duas grades de inteligibilidade que funcionam simultaneamente: uma *história da Nação*, narrando a emergência do Estado sob o modo de totalização,[39] e uma *história das nações*, escrita sob a forma da dominação e tendo como pano de fundo as guerras. Por um lado, continuidade e unidade das imagens do poder e, por outro, descontinuidades e multiplicidades das imagens de potência. Veremos a expressão estética do conflito entre as duas concepções históricas a partir da análise das imagens de maio de 1968. Conflito que, contudo, não é *dicotômico*, pois há capturas recíprocas.

---

[39]Por totalização do Estado, Foucault entende sua determinação de efetivar uma síntese de todas as forças que agem no corpo social. Ao confundir os conceitos de nação e Terceiro Estado, a burguesia enquanto classe social emergente na Revolução Francesa transforma seu interesse particular em interesse geral.

2.2. MAIO DE 1968: IMAGENS DE PODER, IMAGENS DE POTÊNCIA

Em maio de 1968, De Gaulle está há dez anos no poder. Percebemos, nesse momento constituinte, o conflito entre as duas grades de inteligibilidade das sociedades apontado por Foucault: a história da Nação e a história das nações. Com efeito, em oposição à representação unitária do poder republicano, surgem aos poucos, nas ruas de Paris, cartazes que expressam a revolta contra as instituições francesas. Apesar dos resultados políticos e econômicos positivos, a numerosa juventude, fruto do *baby-boom* do pós-guerra, está irrequieta e expressa sua insatisfação nas fábricas e nas universidades. Os temas que a mobilizam são os mais diversos — antiautoritarismo, antiimperialismo, antiestatismo, antipsiquiatria, revolução sexual —, mas em todos encontramos a crítica aos poderes constituídos, do soberano às mais diversas instituições. Essa crítica é "visível" nos cartazes políticos produzidos pelo *Atelier Populaire*.

2.2.1. *Continuidade do poder: retratos oficiais, propaganda e publicidade*

O retrato oficial de De Gaulle (*Figura 5*), presente nas paredes das instituições republicanas francesas, sob vários aspectos remete à representação clássica da soberania. Em *Imagens negociadas*,[40] Sergio Miceli apresenta um pequeno estudo sobre a tradição figurativa especializada na cons-

---

[40]Sergio Miceli, *Imagens negociadas, retratos da elite brasileira (1920-1940)*, São Paulo, Companhia das Letras, 1996.

trução da imagem dos sucessivos presidentes da República e inspirada na famosa tela de Jacques-Louis David, *Napoleão em seu escritório* (*Figura 3*), "em que o artista logrou transformar seu modelo num ícone politicamente eloqüente".[41] Miceli nos mostra como Benjamin Constant, Deodoro da Fonseca, Floriano Peixoto e, por fim, Getúlio Vargas (*Figura 4*) se fizeram retratar sob o "mesmo paradigma iconográfico",[42] seguindo o modelo empregado no retrato de Napoleão. Acrescentamos que esse *portrait* tem como referência aquele de Luís XIV (*Figura 2*) por Hyacinthe Rigaud. Com efeito, salta aos olhos imediatamente a semelhança das poses: o olhar dirigido aos súditos, a posição da cabeça, a postura do corpo e a colocação dos pés. Ambos os personagens apresentam suas insígnias de poder: no caso de Luís XIV, a coroa, a espada e o cetro; no caso de Napoleão, apenas sua espada. Ora, tanto Burke quanto Miceli vêem na disposição desses elementos um "equilíbrio entre formalidade e informalidade".[43] Burke afirma que "há uma informalidade estudada no modo como ele [o rei] segura seu cetro, com a ponta para baixo, como se fosse o bastão que costumava empunhar em público";[44] "traz de lado, na cinta, a espada medieval da justiça, mas o faz como se fosse uma espada comum".[45] Já Miceli vê no caimento dos ombros de Napoleão e em sua mão direita enfiada no colete "uma pose algo descontraída em contraste com a

---

[41]*Idem.*

[42]*Ibid.*, p. 112.

[43]Peter Burke, *A fabricação do rei: a construção da imagem pública de Luís XVI*, Rio de Janeiro, Jorge Zahar Editor, 1994.

[44]*Ibid.*, p. 46.

[45]*Idem.*

solenidade da farda".[46] Com relação às representações da lei, Burke assinala a coluna clássica com a figura alegórica da justiça em sua base, enquanto Miceli menciona a presença do Código Napoleônico sobre a escrivaninha. Não podemos deixar de notar que o tecido que reveste o Código Napoleônico, assim como aquele que encobre o corpo de Luís XIV, tem como motivo flores-de-lis, símbolos da legitimação divina do absolutismo francês. Vemos, na semelhança entre os retratos, instaurar-se uma tradição iconográfica que se estende às repúblicas modernas. Percebemos, sobretudo, a continuidade da representação do tripé que sustenta a soberania — unidade do sujeito, do poder e da lei — tal como foi descrito por Foucault.

Voltemos ao estudo de Sergio Miceli e sua descrição de um retrato de Getúlio Vargas, de autoria de Carlos Oswald. Nele observamos a concretização dos três ciclos da soberania. O ciclo do sujeito ao súdito é expresso através do olhar: Miceli afirma, por exemplo, que os olhos grandes e atentos de Vargas miram o "espectador-súdito com os troféus de mando conquistados".[47] O ciclo dos poderes à unidade do poder encontra-se no próprio retrato de uma figura só, rei ou presidente, que realiza em seu corpo individual a síntese de todas as forças que se opõem no campo social. E, finalmente, o ciclo das leis à Lei encontra-se na representação dos códigos constitucionais: Getúlio Vargas segura com sua mão direita o livro vermelho da Constituição de 1937. A legitimação através de um discurso filosófico-jurídico constitui uma preocupação central nas imagens do poder. Miceli comenta que

---

[46]Sergio Miceli, *op. cit.*, p. 111.
[47]*Ibid.*, p. 113.

ESTÉTICA DA MULTIDÃO

Vargas deriva a prerrogativa de envergar a faixa de primeiro mandatário da República dos termos que o consagram presidente legal no texto da Constituição outorgada de 1937. Ou melhor, o ditador se autolegitima exibindo o ato de força que lhe conferiu poderes constitucionais.[48]

A permanência do tripé da soberania está presente na continuidade de um modelo estético — das monarquias absolutistas às repúblicas totalitárias ou democráticas, passando pelo império napoleônico —, que confirma por sua vez a persistência do problema da representação. Constatamos efetivamente, na "tradição figurativa" tal como descrita por Miceli, a separação social e a perenidade política características da representação clássica da soberania. A discrepância entre a gloriosa retórica e a triste realidade é perceptível, por exemplo, através de um fato curioso: à semelhança de Luís XIV, que recorre a perucas e saltos altos,[49] Vargas usa "roupa cintada"[50] para alongar sua pequena estatura.

Em 1959, ao assumir a presidência da república francesa e se fazer fotografar em seu escritório, Charles De Gaulle perpetua o modelo utilizado por Luís XIV, mantido por Napoleão e exportado mundo afora. Esse modelo serve igualmente à propaganda eleitoral e, de certa forma, à publicidade comercial. Com efeito, a produção do espetáculo através da imposição da distância e da consagração da perenidade não é uma característica exclusiva das imagens do Estado.

Em *A sociedade do espetáculo*,[51] publicado em 1967 e muito lido pelos movimentos de maio de 1968, Guy

[48]*Idem.*
[49]Peter Burke, *op. cit.*, p. 137.
[50]Sergio Miceli, *op. cit.*, p. 113.
[51]Guy Debord, *La société du spectacle*, Paris, Gallimard, 1992.

Debord descreve uma forma de sociedade que "finaliza a separação"[52] entre o homem e o produto de seu trabalho. Debord inicia seu texto afirmando que, nas sociedades em que reinam as condições modernas de produção, "tudo o que era vivido diretamente afastou-se em uma representação",[53] associando a partir de então as diversas produções espetaculares do poder político ou social: "Sob todas as suas formas particulares, informação ou propaganda, publicidade ou consumo direto de diversão, o espetáculo constitui o *modelo* atual da vida socialmente dominante."[54] Sobre as imagens realizadas pelo Estado especificamente, considera que são "o discurso ininterrupto que a ordem presente faz sobre si própria, seu monólogo elogioso",[55] consideração que vai ao encontro da genealogia do poder desenvolvida por Foucault e da iconografia do soberano apresentada por Burke:

> No espetáculo, uma parte do mundo se representa na frente do mundo, e lhe é superior. O espetáculo é apenas a linguagem comum dessa separação. O que reúne os espectadores[56] é apenas uma relação irreversível ao próprio centro que mantém seu isolamento. O espetáculo reúne o que está separado, mas o reúne enquanto separado.[57]

---

[52]"La séparation achevée" é o título do primeiro capítulo (p. 3-17).
[53]*Ibid.*, p. 3.
[54]*Ibid.*, p. 5.
[55]*Ibid.*, p. 12.
[56]Podemos facilmente substituir "espectadores" por "representados" sem que a frase perca seu sentido.
[57]*Ibid.*, p. 15.

ESTÉTICA DA MULTIDÃO

Como não pensar na representação do casal soberano em *Las meninas* ou naquela de Luís XIV em seu *portrait*?

Contudo, o aporte que Debord traz ao nosso estudo é a correlação profunda entre a separação do social introduzida pelo Estado moderno e a divisão do trabalho produzida pelo capitalismo industrial. A separação entre o trabalhador e o produto do seu trabalho realiza o espetáculo da mercadoria nas sociedades capitalistas. Encontramos efetivamente nas imagens produzidas pelo capital os mesmos artifícios utilizados pelas imagens patrocinadas pela soberania com o intuito de manter a hierarquia social e a ordem política: planos distintos e figuras precisas. E percebemos a realização dos três ciclos[58] definidos por Foucault: enquanto nas imagens reais encontramos a submissão ao rei e a redução das múltiplas forças e lutas sociais à unidade do poder e do código soberano,[59] nas imagens publicitárias notamos a alienação do trabalhador (e do consumidor) e a limitação das infinitas atividades e práticas sociais à unidade do sistema e da lógica capitalista. Enquanto no capítulo "a separação finalizada" Debord aborda a alienação do trabalhador,[60] em "unidade e divisão na aparência" demonstra como, sob funcionamentos

---

[58]Sujeito, unidade do poder, lei.

[59]Como vimos na presença do código napoleônico no quadro *Napoleão em seu escritório* por Jacques-Louis David, ou na ostentação da Constituição de 1937 no retrato de Vargas por Carlos Oswald.

[60]"O homem separado de seu produto cada vez mais poderosamente produz ele próprio todos os detalhes de seu mundo e, dessa forma, se encontra cada vez mais separado de seu mundo. Quanto mais sua vida é seu produto, quanto mais ele é separado da sua vida" (Guy Debord, *op. cit.*, p. 31).

aparentemente diferentes, o capitalismo esconde uma unidade real,[61] baseada por sua vez na universalidade da divisão social de classes.

Como se faz visível a separação e a unidade do poder? Assim como no espetáculo real, presenciamos no espetáculo mercantil um brilho denotador de transcendência. Debord afirma que o "espetáculo é a reconstrução material da ilusão religiosa",[62] ou seja, é a transposição do imaterial para o material. A *transcendência da soberania* é traduzida, na estética produzida pelo capital em geral e nas imagens veiculadas pela publicidade em particular, em *fetichismo da mercadoria*:

> É o princípio do fetichismo da mercadoria, a dominação da sociedade por "coisas supra-sensíveis embora sensíveis" que acontece absolutamente no espetáculo, em que o mundo sensível se encontra substituído por uma seleção de imagens que existe acima dele, que ao mesmo tempo se fez reconhecer como sensível por excelência.[63]

---

[61]"As falsas lutas espetaculares das formas rivais do poder separado são ao mesmo tempo reais, naquilo em que traduzem o desenvolvimento desigual e conflitual do sistema, os interesses relativamente contraditórios das classes e das subdivisões de classes que reconhecem o sistema, e definem sua própria participação em seu poder. Da mesma forma que o desenvolvimento da economia mais avançada é o enfrentamento de certas prioridades contra outras, a gestão totalitária da economia por uma burocracia de Estado e a condição dos países que se encontraram na esfera da colonização ou da semicolonização são definidas por particularidades consideráveis nas modalidades da produção e do poder. Essas diversas oposições podem acontecer, no espetáculo, segundo critérios totalmente diferentes, como formas de sociedades absolutamente distintas. Mas, segundo a realidade efetiva de setores particulares, a verdade de sua particularidade reside no sistema universal que as contém: no movimento único que fez do planeta o seu campo, o capitalismo" (*ibid.*, p. 36).

[62]*Ibid.*, p. 10.

[63]*Ibid.*, p. 21.

ESTÉTICA DA MULTIDÃO

Contudo, a permanência da transcendência e de seus artifícios estéticos não significa a imobilidade das formas políticas, muito pelo contrário. Ao final de seu estudo, Foucault aborda um dos fenômenos que considera fundamentais no século XIX: a captura da vida pelo poder. Para definir o conceito de "biopoder", Foucault retorna à teoria clássica da soberania, em que o soberano tem direito de vida e de morte sobre seus súditos. No entanto, no século XIX, o direito de "fazer morrer ou deixar viver" transforma-se progressivamente em poder de "fazer viver e deixar morrer",[64] cujos mecanismos procuraremos apreender nos cartazes de maio de 1968.

2.2.2. Multiplicidades da potência: cartazes de maio de 1968

Ao longo do mês de maio de 1968, os ateliês da Escola Nacional de Belas-Artes de Paris realizam uma intensa e multifacetada produção de cartazes políticos. Movimentos geram cartazes, cartazes geram movimentos, numa rapidez que compete com os outros meios de comunicação presentes na sociedade de massa emergente. Encontramos em *Posters — a concise history*, de Barnicoat, uma descrição do *Atelier Populaire*:

> O "Atelier Populaire" consiste num ateliê onde os cartazes são concebidos, e vários ateliês onde são produzidos (impressão por serigrafia, litografia, carimbos, câmara escura). Todos os militantes — trabalhadores, estudantes, artistas — do "Atelier Populaire" se encontram diariamen-

---

[64]Michel Foucault, *op. cit.*, p. 214.

te numa assembléia geral. O trabalho desta assembléia não é apenas escolher entre os designs e slogans sugeridos para os cartazes, mas também discutir todos os problemas políticos.[65]

A produção do *Atelier Populaire* é realizada de forma coletiva e democrática, radicalmente horizontal, e destina-se a toda a sociedade, isto é, aos estudantes e seus professores, aos trabalhadores e seus patrões, aos cidadãos e seus dirigentes. A indefinição dos planos e a fusão das formas refletem seu anseio pela ausência de hierarquia na produção. Particularmente interessantes são os cartazes que realizam a fusão dos operários com seus locais e instrumentos de trabalho, como a chaminé da fábrica transformando-se em punho erguido (*Figura 9*) ou chaves de fenda e martelos confundindo-se com mãos em plena atividade (*Figura 13*). O desejo de proximidade entre os diversos atores sociais também é visível nos cartazes que materializam na união gráfica dos corpos a aliança de camponeses, operários e estudantes, entre outras "nações" (*Figura 14*). Ao mesmo tempo que produzem um efeito plástico específico, com traços esboçados e cores totalmente indiferentes, as técnicas empregadas — serigrafia, litografia, carimbos, câmara escura, entre outras — estão intimamente relacionadas a uma temporalidade política. Os produtores de cartazes privilegiam os meios cuja velocidade de impressão acompanha a rapidez da contestação: o aspecto *inachevé* é revelador da pressa das ruas, mas também é

---

[65]John Barnicoat, *Posters — a concise history*, Nova York, Thames and Hudson, 1988, p. 245.

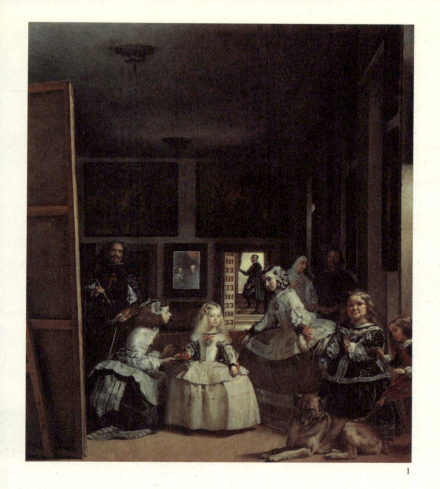

2

3

6

7

4

5

8

9

10

11

12

13

14

15

16

17

18

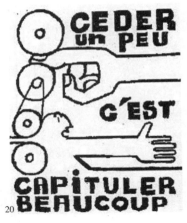

23

24

25

26

27

28

29

31

30 32

36, 37 e 38

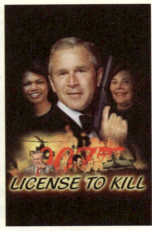

39 e 40

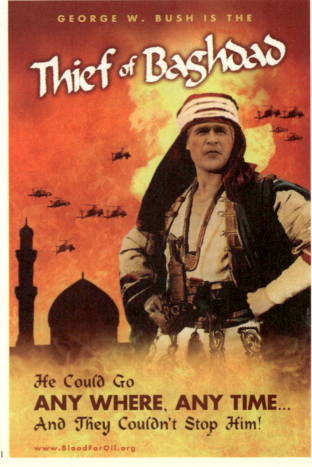

42

43

44 45

46

47

49

48

50

51 52

53

54 e 55

56

59

60

61

62

63

64

57 e 58

65
66

expressão estética de uma força política que não deseja acabar a revolução. Na expressão da proximidade social e da temporalidade política, os cartazes do *Atelier Populaire* remetem às formas carnavalescas e grotescas que abordamos através de Bakhtin. Não deixemos de mencionar a base dessa produção: os cartazes de 1968 são impressos em papel barato e reproduzidos em série. Enquanto o poder privilegia os suportes especiais e a obra única,[66] por motivos sociais e econômicos, a potência recorre a materiais acessíveis e à reprodução numerosa. Miceli afirma que os retratos oficiais são realizados em "suportes prestigiosos cuja execução estava a cargo de artistas profissionais de formação culta (pinturas e esculturas)", enquanto a sátira é realizada "nos registros feitos por artistas populares (literatura de cordel, gravuras e bonecos em série etc.) e nos gêneros mais apropriados aos veículos da nascente indústria cultural (caricaturas e ilustrações para revistas e jornais, documentos cinematográficos etc.)".[67]

No entanto, essa característica não pode ser generalizada, pois tende a desaparecer com a democratização dos meios de produção e de reprodução. Chegamos finalmente aos "conteúdos", levando em consideração que a escolha de uma temática política influencia sua forma estética e vice-versa. Encontramos uma infinidade de temas, e portanto de formas, que correspondem de certa maneira à multiplicidade de "nações" que vivem e lutam sob o Estado.

---

[66] Pois estes geram a "aura" que o poder deseja, conforme Benjamin nos explica no clássico "A obra de arte na época de sua reprodutibilidade técnica".

[67] Sergio Miceli, *op. cit.*, p. 111.

A necessidade das lutas é proposta visualmente em cartazes como "Maio de 68, início de uma luta prolongada"[68] (*Figura 12*), entre outros. Encontramos nesses manifestos visuais a colocação do poder como uma relação de forças e, em particular, a substituição do esquema contrato-opressão característico da teoria clássica da soberania pela relação guerra-repressão correspondente às novas formas de dominação. Observamos, por exemplo, que vários cartazes contestam francamente o voto, expressão do contrato social, enquanto reivindicam a necessidade do enfrentamento (*Figuras 15 e 16*: "Menores de 21 anos, eis seu cartão de voto", "Vote, eu farei o resto" ,"Votar é morrer um pouco", "O voto não muda nada, a luta continua", ou ainda "E depois (do voto)?").[69] Junto com a contestação ao voto vem a crítica mais ampla ao sistema contratual: "Não à burocracia", "Reformas, clorofórmio".[70] Vemos também expressões das várias formas de repressão existentes (*Figura 18*): aquelas exercidas diretamente pela soberania e seus agentes da ordem, mas também aquelas praticadas pelo capital. Aliás, alguns cartazes mostram a íntima relação entre a polícia e o capital: "Peugeot, patrões, polícia, 2 mortos"[71] (*Figura 17*). A constante presença visual da repressão comprova a permanência da relação de dominação na sociedade capitalista industrial.

---

[68]"Mai 68, début d'une lutte prolongée", "L'élan est donné pour une lutte prolongée".

[69]"Moins de 21 ans, voici votre bulletin de vote", "Votez, je ferai le reste", "Voter c'est mourir un peu", "Le vote ne change rien, la lutte continue", "Et après (le vote)?". Os cartazes que criticam o voto correspondem à proposta de referendo que De Gaulle lançou após os dias agitados de maio e junho de 1968.

[70]"Non à la bureaucratie", "Réformes, chloroforme".

[71]"Peugeot, patrons, police, 2 morts".

ESTÉTICA DA MULTIDÃO

Com efeito, Foucault anuncia a invenção nos séculos XVII e XVIII de um poder que extrai dos corpos tempo e trabalho[72] em vez de bens e riquezas, um poder que é exercido por vigilância contínua (que os cartazes sobre os meios de comunicação criticam, e não por cobranças e obrigações descontínuas, um poder que impõe coerções materiais no lugar da presença física do soberano. A teoria da soberania — baseada na alienação da soberania do corpo social ao Estado — passa a conviver com uma realidade de disciplina — garantia da coesão desse mesmo corpo social. Esse poder "disciplinar" é instrumento fundamental para a sociedade burguesa e o capitalismo industrial, cujo desenvolvimento depende da organização de instituições como escolas, universidades, fábricas, hospitais psiquiátricos ("Denunciemos a psiquiatria policial").[73] Vemos, por exemplo, cartazes que denunciam as cadências e os mecanismos do capitalismo. Particularmente interessante é aquele que coloca De Gaulle no meio das engrenagens ("Rompamos as velhas engrenagens",[74] *Figura 19*) demonstrando dessa forma a profunda relação entre Estado e capital. Notemos também que a reivindicação salarial é limitada se comparada à crítica do sistema como um todo, embora associe, mais uma vez, a repressão ao capital ("Salários leves, tanques pesados",[75] *Figura 21*) e a submissão deste à lógica do lucro ("Eu participo, você participa, ..., eles aproveitam",[76] *Figura 22*).

---

[72]"Les cadences infernales."
[73]"Dénonçons la psychiatrie policière."
[74]"Brisons les vieux engrenages."
[75]"Salaires légers, chars lourds."
[76]"Je participe, tu participes, ..., ils profitent." Notemos que o verbo *profiter* tem aqui uma dupla conotação: significa aproveitar-se de uma situação, mas sobretudo obter lucro.

Foucault afirma que, enquanto o discurso construído pelo direito é a lei (regra jurídica), o discurso elaborado pela disciplina é o da norma (regra natural). Na "sociedade de normalização",[77] o saber associa-se ao poder e promove a repressão do que está fora da norma. O disciplinamento e a normalização operam em todos os campos sociais, graças a agentes poderosos como os meios de comunicação que não escapam à crítica feroz dos cartazes: "A mídia mente"[78] e nos intoxica (*Figuras 23 e 24*). Devemos assinalar a percepção, pelos movimentos de 1968, da transformação da sociedade disciplinar em sociedade de controle, ou melhor, da intensificação das formas do poder que não se limitam aos muros das instituições disciplinares, mas percorrem todo o campo social, como coloca em evidência o cartaz "A intoxicação vem a domicílio"[79] (*Figura 25*) pois nem mesmo os espaços privados escapam ao controle. Por outro lado, enquanto a disciplina age sobre o corpo individual, o controle permeia a população inteira. Evidentemente essas formas de poder coexistem e se complementam, constituindo assim o que Foucault chama de biopoder — o poder sobre a vida —, ao qual retornaremos.

O disciplinamento e a normalização não operam apenas através dos dispositivos de comunicação, mas também por meio das instituições do saber. Como dissemos anteriormente, Foucault afirma que passamos de uma coexistência de diversas ciências a uma constituição da "ciência" como polícia disciplinar dos saberes. Foucault considera

---

[77]Michel Foucault, *op. cit.*, p. 35.
[78]"La presse ment" é um dos slogans sobre a mídia. Podemos citar também: "Presse, ne pas avaler" e "attention, la radio ment".
[79]"L'intox vient à domicile."

que o que se chamou então de progresso da razão era, na realidade, um disciplinamento dos saberes a partir do qual podemos compreender o surgimento, entre os séculos XVIII e XIX, da universidade como grande aparelho de institucionalização: seleção, repartição, homogeneização e centralização dos saberes.[80] A crítica à universidade como órgão disciplinador a serviço do poder é central nos movimentos de maio de 1968. Vemos, por exemplo, um cartaz que afirma que "O movimento popular não tem templo"[81] (*Figura 26*). Iniciados no meio estudantil e estendidos em seguida à sociedade como um todo, os movimentos de maio de 1968 geraram um importante questionamento sobre as instituições de ensino, sobre o papel do estudante na sociedade, assim como sobre o próprio saber enquanto instrumento de poder. Lembremos que, a partir de Boulainvilliers, Foucault afirma que "colocar-se como uma força na história implica, numa primeira fase, retomar consciência de si e se inscrever na ordem do saber". Com efeito, os movimentos se conscientizam de que, assim como a fábrica, a universidade é organizada em função do capital, na medida em que prepara os estudantes para assumir seus papéis no sistema. Operários e estudantes, encontrando-se em posições semelhantes, manifestam sua união em cartazes como "Fábrica, Universidade, União"[82] (*Figura 28*). Já a solidariedade entre camponeses, operários e estudan-

---

[80]Em seu discurso inaugural no Collège de France em 1970, Foucault analisa, por exemplo, os critérios de seleção dos saberes utilizados pelas instituições. Na medida em que pensamos a imagem como um discurso, podemos supor que esses critérios operem da mesma forma em seu campo específico (Michel Foucault, *L'ordre du discours*, Paris, Gallimard, 1971).

[81]"Le mouvement populaire n'a pas de temple."

[82]"Usine, Université, Union."

tes, presente na chamada "Camponês, solidário com teus filhos operários e estudantes"[83] (*Figura 29*), parece ser inspirada nos ideais maoístas que chegam à França nesse período. Interessante ver no cartaz "Trabalhadores franceses e imigrantes unidos"[84] (*Figura 30*) como o discurso revolucionário de maio de 1968 exclui o racismo, ao retirar franceses e imigrantes de qualquer dimensão biológica e inseri-los na dimensão histórica e política da exploração capitalista. Notemos as fusões dos corpos, por oposição aos corpos bem delimitados das representações do capital.

Mas, entre estes atores — estudantes, operários, camponeses e imigrantes — que "se colocam na história", vimos surgir uma singularidade: não seria Daniel Cohn-Bendit, brilhante orador e agitador da cena estudantil que se viu expulso da França por ser estrangeiro, um indesejável bárbaro?[85] À violenta expulsão os estudantes responderam com noites de barricadas e dois cartazes que ficaram para a história: "Somos todos indesejáveis" e "Somos todos judeus e alemães"[86] (*Figura 31*), uma forma sutil de afirmar "somos todos bárbaros", isto é, não cedemos nossa liberdade em troca da proteção garantida pelo contrato social. A presença visual da barbárie é, a nosso ver, uma indicação do momento constituinte dos movimentos de maio de 1968, ou seja, o momento no qual se realiza o acoplamento entre revolução e

---

[83]"Paysan, solidaire de tes fils ouvriers et étudiants", mas também "Unité ouvriers paysans."

[84]"Travailleurs français et immigrés unis."

[85]Como vimos anteriormente com Foucault, por oposição ao selvagem sem civilização, o bárbaro constitui sua própria história em conflito com o poder a partir da não-alienação de sua liberdade.

[86]"Nous sommes tous indésirables" e "Nous sommes tous des juifs et des allemands."

ESTÉTICA DA MULTIDÃO

constituição e após o qual encontraremos "A volta ao normal"[87] — retratada como um rebanho de carneiros dóceis (*Figura 32*). A convocação de eleições provoca o intempestivo retorno de poderosas propagandas e o progressivo desaparecimento dessas expressões rebeldes dos muros de Paris. As representações do Estado não estiveram de todo ausentes das ruas em maio de 1968. No entanto, não encontramos nos cartazes o entendimento do Estado como fundamental para a relação entre as "nações" ou entre os diferentes grupos sociais. Muito pelo contrário, o Estado, na figura de De Gaulle, é representado de forma crítica e potente. De Gaulle é retratado como Hitler e como Mussolini, cujo busto sobre um pedestal diz "Lutarei contra os estudantes, lutarei contra os trabalhadores, controlarei a França",[88] remetendo ao que Foucault nos dissera sobre o nazismo como um racismo produzido pelo Estado. É também retratado através de uma silhueta caricata: "A baderna é ele"[89] (*Figura 35*) refere-se à forma como De Gaulle aludiu às manifestações. À alusão de que as passeatas criavam desordem, os manifestantes responderam com cartazes dizendo que a desordem era o governante. Devemos lembrar que *chienlit*, ao mesmo tempo que significa baderna e confusão, sugere carnaval e fantasia. Desse modo, ao constatar que os cartazes de maio de 1968 têm como referência as formas estéticas e as temáticas carnavalescas que surgiram na Idade Média, desenvolveram-se no Renascimento e per-

---

[87]"Le retour à la normale" — aqui há uma ambigüidade entre "volta à situação normal" e "volta a uma situação onde vigora a norma".

[88]"Je lutterai contre les étudiants, je lutterai contre les travailleurs, j'aurai raison de la France."

[89]"La chienlit c'est lui" ou "La chienlit c'est encore lui".

maneceram na Idade Moderna, recompomos as lutas e as possíveis apropriações entre as expressões críticas e potentes contra as representações produzidas pelo poder, Estado ou capital — dos *portraits* monárquicos ou republicanos à publicidade eleitoral ou comercial (*Figuras 36, 37 e 38*).

2.2.3. Produção biopolítica: da modernidade ao Império

Retornemos um instante ao conceito de biopoder: o poder sobre a vida. Apreendemos a tecnologia disciplinar exercida sobre os corpos individuais a serviço da produção, desenvolvida sobretudo ao longo do século XVIII em função do capitalismo e criticada a partir de suas instituições: a escola, a universidade, a fábrica, a prisão, o hospital psiquiátrico. E contemplamos o surgimento de uma outra tecnologia de poder, que não é disciplinar, mas que "funciona" junto com ela. Essa tecnologia não se aplica ao homem-corpo, mas ao homem-espécie, e se interessa pelos processos como natalidade, fecundidade, longevidade, mortalidade. Enquanto a teoria do direito se debruçou sobre o indivíduo e sua sociedade; enquanto a tecnologia disciplinar procurou o indivíduo e seu corpo, a "biopolítica" se interessa pela população, introduzindo mecanismos reguladores para maximizar suas forças, para "fazer viver". O direito da soberania de "fazer morrer ou deixar viver"[90] seria, de certa forma, substituído pelo direito de "fazer viver e deixar morrer"[91] em que a vida é inserida nas lutas políticas e nas estratégias econômicas do capita-

---

[90] Michel Foucault, *"Il faut défendre la société"* — *Cours au Collège de France, 1976*, Paris, Gallimard/Seuil, 1997, p. 214.
[91] *Idem.*

lismo. Devemos esclarecer que não há, contudo, uma simples sucessão e substituição dos diversos dispositivos de poder: não há substituição de uma soberania por instituições de disciplina e, em seguida, substituição das instituições de disciplina por mecanismos de controle, mas uma articulação complexa entre os vários dispositivos. Foucault se interessa por essa transformação do poder pelo menos por dois motivos: a partir dela, apresenta suas conclusões sobre o racismo de Estado (o nazismo em particular), fechando o curso "Il faut défendre la société", e também explica o papel central da sexualidade na biopolítica, encerrando o primeiro volume de *Histoire de la sexualité*.[92]

Nosso interesse pelo conceito de biopolítica se deve a sua centralidade em *Império*.[93] Hardt e Negri reconhecem os aportes fundamentais de Foucault e dedicam um importante capítulo à produção biopolítica. Afirmam que, enquanto a soberania serviu ao *ancien régime* e a sociedade de disciplina sustentou o Estado moderno e o capital, a sociedade de controle "se desenvolve nos limites da modernidade e se abre para a pós-modernidade"[94] caracterizando-se por uma transformação na natureza do poder que se apropria da produção e da reprodução da vida. Essa transformação representa uma intensificação e uma extensão do poder que passa então a percorrer as "profundezas da consciência e dos corpos da população — e

---

[92]O último capítulo de *La volonté de savoir*, primeiro volume de *Histoire de la sexualité* (Paris, Gallimard, 1976), corresponde em vários momentos com o último curso de "*Il faut défendre la société*", mas diferem em seus objetivos finais. Ambos datam de 1976.

[93]Michael Hardt e Antonio Negri, *Império*, Rio de Janeiro, Record, 2001.

[94]*Ibid.*, p. 42.

ao mesmo tempo a totalidade das relações sociais".[95] Hardt e Negri afirmam que Foucault procurou ir além das versões do materialismo histórico "que consideravam o problema do poder e da reprodução social num nível superestrutural separado do nível real e básico da produção",[96] ou seja, "tentou levar o problema da reprodução social e todos os elementos da chamada superestrutura de volta para dentro da estrutura material e fundamental, e definir esse terreno não apenas em termos econômicos mas também em termos culturais, físicos e subjetivos"[97].

Em *Império*, Hardt e Negri dão continuidade ao trabalho foucaultiano, analisando o poder imperial a partir das bases materiais que se concretizam no pós-fordismo e do sujeito histórico que nelas se constituem: a multidão. Colocam como objetivo "descobrir os meios e as forças de produção da realidade social, bem como as subjetividades que as animam".[98] Nesse sentido, enquanto Foucault analisou o conflito entre o discurso filosófico-jurídico e o discurso histórico-político na perspectiva da nação, Hardt e Negri retomam a análise da modernidade e a projetam na pós-modernidade como crise entre transcendência e imanência, na perspectiva da multidão. Retomaremos então nossa genealogia, nossa análise das lutas no campo estético, abordando as representações potentes do poder imperial e as expressões de potência nas manifestações globais da contemporaneidade.

---

[95]*Ibid.*, p. 44.
[96]*Ibid.*, p. 46.
[97]*Idem.*
[98]*Ibid.*, p. 43.

3. Soberania imperial e cartazes políticos na contemporaneidade

Em *Império*, Antonio Negri e Michael Hardt afirmam que estamos vivendo a transição de uma soberania moderna para uma soberania imperial. Após apresentar o conceito de soberania na Europa moderna, os autores expõem a noção, nascida nos Estados Unidos, de uma soberania sob a forma de uma rede de poderes como a busca de uma saída para a crise européia entre transcendência e imanência na modernidade. Podemos relacionar o conflito entre formas de poder transcendentes e forças imanentes à tensão entre poder e potência desenvolvida no século XVII por Spinoza e retomada hoje por Hardt e Negri. Em Spinoza, potência e poder não se conciliavam.

Veremos a seguir como a pós-modernidade prolonga e acentua a crise entre poder e potência da modernidade. Perguntamo-nos então se o conflito se estende à produção estética: podemos detectar um confronto entre representações clássicas do poder e expressões de potência tais como aquelas que encontramos nas manifestações globais da contemporaneidade — múltiplas subversões dos emblemas dos Estados nacionais, das corporações multinacionais e da mídia global?

Em seu ensaio "A obra de arte na era de sua reprodutibilidade técnica", Walter Benjamin afirma que, à estetização da política realizada pelo fascismo, o comunismo responde politizando a arte.[1] Em *A ideologia da estética*, Terry Eagleton comenta que Benjamin não está recomendando a substituição da arte pela política, "instrumentalizando" a arte como o fizeram Mao ou Stálin.[2] Ao contrário, prossegue Eagleton, "a própria política revolucionária de Benjamin é de muitos modos estética — [...] na substituição do discurso pela imagem, na restauração da linguagem do corpo e na celebração da mímese como relação não dominadora da humanidade com o mundo".[3] A política estética proposta por Benjamin nos interessa. Será que poderíamos falar hoje de estetização da política, não no sentido negativo que lhe atribuiu Benjamin, de uma instrumentalização das massas através da estética como ocorreu no fascismo, mas no sentido de uma estética de potência para além da estética de representação do poder? Entendemos como estética da representação do poder uma longa tradição que vai dos retratos monárquicos às alegorias republicanas e cujo paradigma é *Las meninas* de Velázquez ou o *portrait* de Luís XIV por Hyacinthe Rigaud. E entendemos como estética de potência uma criação que não se limita à representação crítica do poder, mas constitui novas linguagens através do trabalho da *multidão*.

Benjamin surge pois, mais uma vez, à frente de seu tempo, pois a política revolucionária de que nos fala

---

[1]Walter Benjamin, *Sur l'art et la photographie*, Ligugé-Poitiers, Aubin Imprimeur, p. 68.
[2]A produção de cartazes políticos realizada sob os regimes de Mao e Stálin é efetivamente muito extensa.
[3]Terry Eagleton, *A ideologia da estética*, Rio de Janeiro, Jorge Zahar Editor, 1993.

Eagleton parece-nos apontar para a estética de potência que vemos hoje nas manifestações da multidão pós-moderna. Essa produção estética, sempre em movimento e sempre constituinte, não parece ser a expressão de uma razão, mas sim de um desejo: o desejo de comunicação — no sentido de criação do *comum* como aponta Negri. O cartaz político instrumental é subvertido e transformado pela multidão em expressão de potência.

3.1. DA SOBERANIA MODERNA À SOBERANIA IMPERIAL

3.1.1. *Soberania moderna na Europa e nos Estados Unidos*

A análise política de Hardt e Negri inicia-se na Europa, ou melhor, nas duas Europas que coexistem na modernidade. Por que na Europa? A soberania moderna é um conceito que se desenvolveu basicamente nesse continente, em coordenação com a evolução da própria modernidade, quando "seres humanos se declararam donos da própria vida, produtores de cidades e de história e inventores de céus".[4] Isto é, inventores de mares, pois é neles que se lançam para a descoberta de novos mundos.

A descoberta do plano da imanência a partir da nova percepção da singularidade do ser e de sua potencialidade marca o início da modernidade. A partir dessa descoberta, Hardt e Negri colocam dois modos de modernidade: o

---

[4]Michael Hardt e Antonio Negri, *Império*, Rio de Janeiro, Record, 2001, p. 89.

primeiro é um processo revolucionário de ruptura radical com o passado a partir do novo paradigma da imanência, ao passo que o segundo, diante da impossibilidade de um retorno ao antigo regime, procura continuamente dominar e expropriar a força revolucionária. Quando falam em processos imanentes, Negri e Hardt referem-se às relações de forças que emanam diretamente do campo social e, quando falam em transcendência, supõem a intervenção de um princípio ordenador, religioso ou não, que lhe é externo e superior.

Os autores afirmam que, na Europa, apesar do segundo modo de modernidade ter vencido a luta pela hegemonia paradigmática, perpetua-se a crise: "A própria modernidade é definida por crise, uma crise nascida do conflito ininterrupto entre as forças imanentes, constitutivas e criadoras, e o poder transcendente que visa a restaurar a ordem."[5] E citam o projeto do Iluminismo como exemplo de construção de um "maquinismo transcendental" com o objetivo de disciplinar os sujeitos livres que nascem com o fim do antigo regime.

Como vimos anteriormente em Foucault, o pensamento de Thomas Hobbes deu origem a um aparelho político transcendente. Partindo de uma hipótese de conflito permanente entre os atores sociais, Hobbes estabeleceu a necessidade de um contrato no qual a multidão transferia sua autonomia a um poder soberano. Embora esse contrato tenha beneficiado essencialmente o absolutismo mo-

---

[5] *Ibid.*, p. 93. Hardt e Negri mencionam o "choque de titãs, como o que Michelangelo representou no teto da Capela Sistina: o trágico conflito da gênese da modernidade".

nárquico, Hardt e Negri sublinham o fato de que ele também pode ser aplicado à oligarquia e à democracia republicana. O contrato social de Rousseau seria, nesse sentido, a aplicação da teoria da soberania de Hobbes ao republicanismo democrático: "O 'republicano absoluto' de Rousseau não difere, realmente, do 'Deus na terra' de Hobbes, o absoluto monárquico."[6]

Ora, essa "forma" de soberania não caminha sozinha ao longo da modernidade européia. É preenchida por um conteúdo que é o capitalismo. Segundo Hardt e Negri, forma e conteúdo da soberania moderna articulam-se perfeitamente, articulação esta que é analisada por Adam Smith. Hardt e Negri afirmam que "o transcendental político do Estado moderno é definido como transcendental econômico. A teoria de valor de Smith foi a alma e a substância do conceito moderno de Estado soberano".[7] A síntese da teoria de soberania moderna com o capital é realizada aqui através da submissão das singularidades à totalidade, da vontade de cada um à vontade geral. Dessa forma, inverte-se a relação original entre sociedade e poder: não é mais a sociedade quem produz o poder e o Estado, mas o contrário.

Hardt e Negri assinalam também uma passagem, dentro da própria noção de soberania, em direção a uma nova forma de transcendência: "A modernidade substituiu a transcendência tradicional de comando pela transcendência da função ordenadora."[8] Examinamos anteriormente essa

---

[6]*Ibid.*, p. 102.
[7]*Ibid.*, p. 104.
[8]*Ibid.*, p. 106.

questão através de Foucault — a passagem do comando para a disciplina e o controle — e de nossa análise dos cartazes de maio de 1968 na França.

Interessante observar o conflito da modernidade européia entre imanência e transcendência em algumas pinturas desse período. Escolhemos algumas pinturas dos séculos XVIII e XIX para observar essa crise. Em *Desembarque de Maria de Médicis em Marseille* (*Figura 6*), de Peter Paul Rubens, por exemplo, destacamos três planos bem distintos: o primeiro é delimitado por corpos nus e sensuais; o segundo por corpos exibindo na rigidez das poses e vestimentas a ordem humana e, por fim, o terceiro plano é definido por um corpo etéreo representando a ordem divina. Todos os corpos e, sobretudo, todos os olhares dos dois primeiros planos convergem para a rainha: são corpos e olhares destituídos de poder, são súditos. O corpo da rainha, alvo a ponto de emanar luz, situa-se no centro do quadro, na fronteira entre esses dois primeiros planos. Assim como na modernidade, a ordem desse mundo é por fim legitimada pelos céus. Podemos interpretar essa pintura como um manifesto pela transcendência.

Voltemos ao quadro de Hyacinthe Rigaud de 1701 (*Figura 2*), em que Luís XIV ostenta suas vestes de sagração. O que vemos retratado é o homem Luís XIV, numa pintura realista que revela toda a qualidade humana de um rei dono de si. Apesar dessa qualidade, percebemos a manifestação de uma transcendência. Falamos de transcendência no sentido político, mas também religioso. Essa é a representação clássica do monarca absoluto, aquele que centraliza todos os poderes de seus súditos em nome de um princípio superior. Todos os olhares convergem para esse

ESTÉTICA DA MULTIDÃO

ponto de comando que é Luís XIV, pois este encarna a unidade do poder. De fato, não podemos olhar para outra coisa senão para ele. Essa transcendência atinge o plano religioso, pois percebemos no rei a presença do divino na estampa de seu manto. Em *O pano do diabo*, Pastoureau afirma que

> o estampado exprime sempre algo solene, majestoso, até sagrado. Daí o seu emprego em algumas insígnias reais, nos mantos de sagração, em muitos objetos litúrgicos e imagens onde aparece o divino. [...] Quanto às armas dos reis da França, de blau estampado de flores-de-lis de ouro, que se encontram no seu escudo e na bandeira, e também em outros suportes, constituem elas o exemplo mais perfeito do estampado medieval. Este é ao mesmo tempo um sinal de poder, um motivo cósmico, um atributo mariano, um símbolo de soberania e fecundidade.[9]

O corpo de Luís XIV não está nu, mas coberto por um manto divino, constituindo dessa forma mais um manifesto pela transcendência.

O coroamento de Napoleão I (Figura 7), pintura de Louis David de 1805-7, parece representar mais uma forma de conflito entre transcendência e imanência. Napoleão ergue a coroa ao alto para coroar a si próprio, e todos os olhares convergem então para esse símbolo do comando único. O imperador não requer nenhuma justificação divina de seu poder, muito pelo contrário, coloca-se acima da Igreja ao lhe exigir submissão ao governo francês. A coroa napo-

---

[9]Michel Pastoureau, *O pano do diabo*, Rio de Janeiro, Jorge Zahar Editor, 1993, p. 35.

leônica submete o poder transcendental religioso ao mesmo tempo que simboliza seu distanciamento do campo social.

Numa representação mais à frente no tempo, constatamos que o desejo de república expresso por Delacroix em 1830 ainda hesita entre formas imanentes e transcendentes de poder. Em *A Liberdade guia o povo*, parece que o artista deseja nos fazer perceber a presença do homem enfim dono de seu destino, dono de sua vida. Mas a figura alegórica da Liberdade mostra-nos a permanência da transcendência. A Liberdade é transcendentalizada numa figura ideal, que guia o povo. O povo precisa ser guiado por algo exterior a ele, sob risco de perder-se, nos diz Delacroix através de sua pintura. Em *Arte moderna*, Giulio Carlo Argan afirma que, ao representar a insurreição que encerrou o terror da monarquia restaurada, *A Liberdade guia o povo* (*Figura 8*) tornou-se o primeiro quadro político na história da pintura moderna. E confere à obra uma "ambigüidade ideológica" que caracterizamos como crise da modernidade: "Não é um quadro histórico — não representa um fato ou uma situação. Não é um quadro alegórico — de alegórico há apenas a figura da Liberdade-Pátria."[10] A "ambigüidade" detectada por Argan estaria no conflito estético entre o realismo dos corpos massacrados e o idealismo da liberdade figurada.

Essa obra de Delacroix é muito presente no imaginário republicano francês. É tão profundamente ancorada nesse imaginário que a encontramos em várias representações de insurreição nos séculos seguintes. Reencontra-

---

[10]Giulio Carlo Argan, *Arte moderna*, São Paulo, Companhia das Letras, 1993, p. 55.

ESTÉTICA DA MULTIDÃO

mo-la em representações da tomada da Bastilha — prisão no centro de Paris, símbolo da arbitrariedade do poder real e que inaugura os eventos da Revolução Francesa de 1789 — ou da Comuna de Paris de 1871. Ao evitar a alegoria, essas representações ganham em imanência revolucionária, ou seja, em afirmação de que o poder reside em cada um e não em objetos, seres ou princípios externos.

Na breve análise dessas obras, podemos ver como a França, país central da modernidade européia, foi palco de um conflito relativo à forma de governo (monárquica ou republicana), mas também relativo à "forma da forma", ou seja, à transcendência ou imanência de seus governos. Esse conflito se estende aos outros Estados-nação da modernidade e, a nosso ver, se expande do campo político ao estético.

Passamos a examinar a soberania moderna nos Estados Unidos e sua procura de uma saída para o conflito europeu. O projeto constitucional dos Estados Unidos, nascido com a Revolução Americana, cria uma noção de soberania distinta da soberania moderna originária da Europa. Lembremos que, em 1776, é proclamada a independência dos Estados Unidos e que, em 1787, é elaborada uma Constituição Federal.

Hardt e Negri assinalam como, para os constituintes americanos, "a ordem da multidão precisa nascer não de uma transferência do título de poder e direito, mas de um arranjo interno da multidão".[11] Desse modo, a constituição americana procurou pôr um fim à interminável crise da Europa moderna, entre transcendência e imanência,

[11]Michael Hardt e Antonio Negri, *op. cit.*, p. 180.

substituindo o comando central por uma rede de poderes. Os autores atribuem essa escolha à influência dos textos de Maquiavel e seu conceito de poder "como produto de uma dinâmica social interna e imanente",[12] ou seja, de poder constituinte. O primeiro princípio de Maquiavel é a afirmação do poder como produto da vida das massas. O segundo é o de que

> a base social dessa soberania democrática é sempre conflituosa. O poder se organiza pelo surgimento e pela interação dos contrapoderes. A cidade é, dessa forma, um poder constituinte formado por um conjunto de múltiplos conflitos sociais, articulados em contínuos processos constitucionais.[13]

É importante salientar que, para Maquiavel, esses conflitos são a "base da estabilidade do poder e a lógica da expansão da cidade".[14] O conceito de conflito como base da estabilidade do poder inaugura uma nova forma de pensamento político. O conflito não significaria o início da desordem, mas uma necessidade intrínseca da própria ordem. Esta seria a interpretação maquiavélica da Roma republicana. Mas o pensamento de Maquiavel se inspira também na Roma imperial descrita por Políbio. Roma "concebeu a forma perfeita de poder como estruturada por uma constituição mista que combina os poderes monárquico, palaciano e democrático".[15] Após a Revolução America-

---

[12]*Ibid.*, p. 181.
[13]*Ibid.*, p. 181.
[14]*Ibid.*, p. 182.
[15]*Ibid.*, p. 182.

na, seus cientistas políticos organizaram esses três poderes como os três ramos da constituição republicana. Entretanto, Hardt e Negri insistem que os modelos da Roma imperial e da Roma republicana não são suficientes para entender a novidade da concepção americana de poder. Prosseguem então apresentando as três características principais da noção americana de soberania.

A primeira é uma proposta de um poder imanente, por oposição ao poder transcendente da moderna soberania européia. O poder da multidão para a construção política da sociedade implica a emancipação de toda e qualquer forma de poder transcendente. A segunda é uma negação desse poder constituinte da multidão — a partir da percepção de seus limites — e desejo de restabelecimento de instrumentos de correção e controle. E a terceira é sua tendência a um projeto aberto e expansivo. Este terceiro princípio gera uma possível solução para o conflito da modernidade. Essa expansividade seria, segundo Políbio, o "prêmio" da perfeita síntese das três formas de governo (monárquico, palaciano e democrático). No entanto, a tendência expansiva da república americana é diferente do expansionismo das soberanias européias. Enquanto a expansividade transcendente gera o imperialismo colonialista, a tendência expansiva gera o Império que "estende e consolida o modelo da rede de poder".[16] É necessário salientar que o Império não são os Estados Unidos, mas nasce de um modelo de poder contido em sua constituição.

Hardt e Negri descrevem o desenvolvimento da noção de soberania americana através de diferentes fases da his-

---

[16]*Ibid.*, p. 185.

tória dos Estados Unidos. Pretendemos nos ater à fase que surge com o final da Guerra Fria, momento de transição geral do paradigma de soberania moderna para o paradigma de soberania imperial. Neste capítulo, examinaremos os cartazes políticos contemporâneos procurando entender a produção estética à luz da teoria política, mas também levar à teoria política as contribuições dessa práxis. Veremos então como o conflito político da modernidade, entre transcendência e imanência, se estende ao campo da imagem na pós-modernidade. Antes de iniciar a análise empírica, aprofundemos algumas questões teóricas: as questões da representação e da produção do comum, nos campos político e estético.

3.1.2. Representação política e estética na passagem para o Império: da democracia do povo à democracia da multidão

Em *5 lições sobre Império*, Negri analisa a crise das democracias nacionais contemporâneas e aborda a dificuldade de pensar uma democracia em nível global. A democracia é baseada em instituições destinadas a "representar" o povo. Não sendo este uma entidade natural ou empírica, a representação é a chave para a construção do povo. O povo é uma representação — *política* e *estética* — da população: "A multiplicidade empírica da população torna-se identidade por meio dos mecanismos do 'representar' — e aqui podemos enfatizar a conotação tanto política quanto estética do termo 'representar'."[17] O que Negri nos diz

---

[17]Antonio Negri, *5 lições sobre Império*, Rio de Janeiro, DP&A, 2003, p. 119.

ESTÉTICA DA MULTIDÃO

é que, para ser representada politicamente, a população é reduzida a uma unidade que chamamos povo. E que essa redução da multiplicidade à unidade também é encontrada na representação estética. Essa afirmação é de grande importância para nós, pois pretendemos colocar em relação os campos político e estético no caso contemporâneo. Até o momento, verificamos como essa redução se deu na representação clássica, em particular nos *portraits* dos soberanos.

Negri prossegue afirmando que povo está intimamente relacionado a um espaço nacional delimitado. Na passagem para o Império, quando os espaços nacionais são desestabilizados, a possibilidade de representação do povo torna-se remota: instituições como o Banco Mundial, o FMI e a OMC são alheias a qualquer mecanismo de representação popular. Como desenvolver então um conceito de povo global para além de qualquer concepção nacional? O que é e quem é o povo global? Negri considera impossível conceber "povo" como sujeito político representável institucionalmente — ou esteticamente — na contemporaneidade globalizada. Critica os teóricos reformistas — que procuram reformular políticas capazes de solucionar a crise da representação democrática em nível nacional ou global — e acrescenta que, se concebemos "a democracia nos termos de uma autoridade soberana que seja representativa do povo, então a democracia na idade imperial não só não se realiza como é efetivamente irrealizável".[18] Dessa constatação nasce a procura por outro sujeito político na pós-modernidade. Enquanto na

---

[18]*Ibid.*, p. 124.

BARBARA SZANIECKI

modernidade a organização social é garantida pela *contratualidade*, em que o povo é o produto político e estético da representação, é "o produto do ato contratual constitutivo da sociedade burguesa",[19] na pós-modernidade a organização social só é possível através da *cooperação*, isto é, da produção de subjetividade, política e estética, da multidão.

A multidão desafia a representação política e estética porque é uma multiplicidade indefinida, incomensurável, incompatível com os "racionalismos teleológicos e transcendentais da modernidade".[20] Em termos políticos, e possivelmente estéticos, o conceito de *povo* — corpo social representado de forma transcendente — seria superado pelo conceito de *multidão* — cooperação social expressa de forma imanente. Passamos de uma unidade representacional e transcendental abstrata para uma multiplicidade cooperativa e imanente concreta. Essa passagem implica, a nosso ver, a perspectiva de novas formas estéticas. É necessário insistir nas características sociológicas e políticas do conceito de multidão: este é o sujeito de uma mudança radical, é o sujeito da passagem do fordismo ao pós-fordismo no campo sociológico e da passagem da democracia do povo — baseada na contratualidade em nível nacional — à democracia da multidão — realizada através da cooperação em nível global — no campo político.

Concluindo sobre globalização e democracia em nível global, Negri afirma a superação da *democracia popular* — representativa — por "uma *democracia de multidões*

---

[19]*Ibid.*, p. 124.
[20]*Ibid.*, p. 126.

ESTÉTICA DA MULTIDÃO

poderosas, não somente de indivíduos iguais, mas de poderes igualmente abertos à cooperação, à comunicação, à criação".[21] E enfatiza que essa democracia não é um sonho utópico, pois não há ideal ou modelo a seguir. É uma democracia que se realiza através do "desejo de uma vida comum". A ausência de modelo, assim como a presença do desejo, são perceptíveis nas manifestações contemporâneas, em termos políticos e estéticos. Pensamos que, para analisar a manifestação estética da multidão do ponto de vista global, é absolutamente necessário investigar o que Negri entende por *cooperação, comunicação e criação*. Como a multidão coopera, comunica e cria para a construção de uma democracia em nível global, no campo social e político em geral e mais especificamente no campo estético? A ausência de modelo e a presença do desejo de comum seriam suficientes para diferenciar a estética de potência produzida pela multidão da representação visual construída pela soberania?

3.1.3. A produção do comum no campo social, político e ontológico, a expressão do comum no cartaz político

Para entender como se dá a cooperação, a comunicação e a criação na contemporaneidade, aprofundemos a questão do comum, essencial para a apreensão do conceito de multidão. Segundo Negri, "a multidão não é nem encontro da identidade, nem pura exaltação das diferenças, mas é o reconhecimento de que, por trás de identidades e dife-

---

[21]*Ibid.*, p. 138.

renças, pode existir 'algo comum'".[22] A cooperação, comunicação e criação da multidão seria a materialização desse "algo comum", constituindo o primeiro passo para a superação da representação abstrata no campo político e da estética clássica no campo plástico ou gráfico.

É importante colocar em relevo que o "comum" permeia todos os campos da definição de multidão. No *campo do trabalho*, o comum é construído através da cooperação social que tende a eliminar o comando. No *campo político*, o comum — "matéria inalienável sobre a qual podemos construir a democracia"[23] — se distingue do consenso — alienação do poder e da liberdade dos sujeitos. E, no *campo ontológico*, a carne é o elemento comum às três dimensões unidas do antipoder — resistência, insurreição, poder constituinte. O cartaz político da contemporaneidade — na internet e nas manifestações globais — pode ser entendido como um produto concreto da cooperação social emancipada do comando (o comum no campo do trabalho), uma manifestação oposta à representação do consenso imposto por contrato (o comum no campo político) e, por último, uma expressão carnal de antipoder (o comum no campo ontológico).

Examinemos em primeiro lugar o comum construído na cooperação social. Evitando uma visão demasiado economicista sobre a multidão, Negri aborda as transformações da produção desenvolvendo uma análise do trabalho imaterial como "conjunto das atividades intelectuais, comunicativas, afetivas, expressas pelos sujeitos e pelos

---

[22]*Ibid.*, p. 148.
[23]*Ibid.*, p. 233.

movimentos sociais".[24] Essa definição significa uma modificação radical do tempo produtivo: o trabalho imaterial implica tempo destinado aos processos de formação e tempo dedicado às relações externas à produção, cada vez mais importantes. Entramos na era do capitalismo cognitivo — sistema que captura elementos produzidos pelo trabalho social, por redes intelectuais, comunicativas e afetivas que não lhe pertencem. Neste sistema, o único aporte do capital é, segundo Negri, o comando. Negri considera produtiva a força que nasce dos sujeitos e se organiza na cooperação, e concebe como parasitária a função capitalista: no capitalismo cognitivo, "a cooperação produtiva não é, pois, imposta pelo capital, mas é, pelo contrário, uma habilidade da força-trabalho imaterial, do trabalho mental que só pode ser cooperativo, bem como do trabalho lingüístico que só pode expressar-se de forma cooperativa".[25] Ao afirmar que o trabalho imaterial não exige comando, Negri deseja salientar que, embora persista na contemporaneidade, o comando não é necessário à produção. A força-trabalho imaterial é "capaz de acabar com a dialética da servidão e da soberania por meio da reapropriação dos instrumentos de trabalho e dos dispositivos da cooperação".[26]

A existência de cooperações produtivas livres, ou seja, "que não têm dono e não têm necessidade de transferir a capacidade de produzir para uma qualquer capacidade de comando",[27] nos interessa. A produção de cartazes do *Atelier Populaire* em maio de 1968 (uma entre inúmeras

[24] *Ibid.*, p. 92.
[25] *Ibid.*, p. 96.
[26] *Ibid.*, p. 146.
[27] *Ibid.*, p. 149.

experiências similares no mundo inteiro naquele período), assim como a produção — virtual e real — de cartazes na contemporaneidade, são exemplos dessas cooperações. Essas produções estéticas não têm dono efetivamente, não há direção ordenadora. As redes — sociais e tecnológicas — tornam possível a cooperação produtiva da multidão. Em nosso estudo, partimos da afirmação negriana da existência de formas sociais de cooperação para abordar as formas estéticas produzidas na contemporaneidade. Contudo, resta uma pergunta: em que as formas criadas pela cooperação livre diferem daquelas fabricadas sob comando?

As formas produzidas pela multidão nas redes sociais e tecnológicas como a internet estão intimamente relacionadas às formas de trabalho do capitalismo cognitivo. São expressões da força-trabalho imaterial que produzem de modo cooperativo, apropriando-se efetivamente dos instrumentos de trabalho e dos dispositivos que a informática e a internet oferecem. Através de nossa pesquisa *on-line* (pesquisamos algumas dezenas de *sites*), verificamos uma intensa produção de cartazes políticos. Muito já foi dito sobre as "determinações" ou "limitações" que os softwares geram no campo estético. O que vemos, no entanto, é uma produção extensa, múltipla e criativa, que dificilmente pode ser reduzida a uma determinação capitalística. Ao definir a multidão como classe social não-operária (na passagem do fordismo ao pós-fordismo) e como multiplicidade de singularidades "não esmagada na massa, mas capaz de desenvolvimento autônomo, independente, intelectual",[28]

---

[28]*Ibid.*, p. 146.

Negri levanta a hipótese de sua potência democrática na medida em que soma "liberdade e trabalho, combinando-os na produção do comum".[29] A expressão da potência democrática da multidão pode ser efetivamente encontrada na internet. Os cartazes realizados, assim como os próprios *sites* que os abrigam, são criados com base na cooperação social, dentro da relação capitalista (no Império não há "fora"), mas numa relação conflitual que tem por objetivo reduzir o comando e estender a liberdade produtiva.

A redução de comando e a conseqüente expansão de liberdade são ainda mais perceptíveis quando abordamos as formas estéticas produzidas nas manifestações globais da multidão. Além de utilizar as redes sociais e tecnológicas para sua organização efetiva, essas formas só podem ser concretizadas com base na cooperação. Ambas as formas estéticas — cartazes da internet e "cartazes" nas manifestações globais — são manifestações visuais da cooperação social, expressões do comum, expressões de potência em busca de novas formas de organização social, política e estética para além da representação.

Retornemos ao conceito de multidão como sujeito cooperante, comunicante e criativo no campo mais especificamente político:[30] como a multidão produz o comum no campo político? Essa questão nos leva à gênese do conceito e, sobretudo, ao pensamento do filósofo holandês Baruch Spinoza,[31] que empreende um caminho teórico oposto ao do inglês Thomas Hobbes. Vimos anteriormente

---

[29]*Idem.*
[30]*Ibid.*, p. 139-161.
[31]O holandês Spinoza (1632-77) e o inglês Hobbes (1588-1679) são quase contemporâneos.

que Foucault utilizou Boulainvilliers para, em conflito com a teoria jurídico-filosófica de Hobbes, recuperar um pensamento histórico-político em que as lutas são centrais. Negri percorre caminho semelhante, recorrendo a Hobbes para definir povo e a Spinoza para conceituar multidão, e daí estabelecer o conflito interminável entre poder e potência.

Lembremos que, para Hobbes, os indivíduos se relacionam uns com os outros movidos pelo medo e pelo egoísmo. Esse conflito natural só pode ser resolvido pelo contrato social, estabelecido em dois tempos: o primeiro consiste na alienação do poder dos indivíduos para um poder transcendente; o segundo resulta na concepção de uma soberania centralizadora, capaz de garantir paz e segurança aos indivíduos e à propriedade. Dessa forma, os indivíduos alienados de seus poderes tornam-se um povo, produto do Estado. Essa concepção de povo e de Estado atravessa a modernidade.

Já o conceito de multidão nasce na obra de Spinoza, que, sendo rigidamente imanentista e materialista, recusa a existência de qualquer causa externa à realidade. Spinoza coloca a construção da democracia num cenário absolutamente imanentista: como organizar a democracia sem recorrer a princípios externos, transcendentes? Como pode a multidão se organizar politicamente? A multidão se organiza diretamente, ou melhor, atualmente, "no ato",[32] pois

> é um conceito que expressa *por si* tudo aquilo que antes não tinha: a causa torna-se um ato, um processo, e a *demo-*

---

[32]Antonio Negri, *op. cit.*, p. 140.

cracia é a forma pela qual a multidão (por meio da interação das singularidades) expressa vontade comum, uma vontade comum que não possui um *fora*, totalmente autônoma e que, portanto, chamaremos "vontade absoluta".[33]

Essa definição de democracia da multidão parece coincidir plenamente com as manifestações globais contemporâneas, em que não encontramos demanda de representação, mas expressão "no ato" da vontade comum. À democracia da multidão corresponde uma expressão estética particular. Paradoxalmente, o conceito spinozista de multidão nasce no auge do absolutismo monárquico europeu. E nasce, segundo Negri, do pensamento de Maquiavel — "Spinoza se refere diretamente a Maquiavel quando desenvolve o dispositivo da multidão como democracia absoluta."[34] Lembremo-nos do conceito, desenvolvido por Maquiavel, de poder constituinte como poder que nasce de uma dinâmica social interna e imanente.

Ao conceito de multidão segundo Spinoza e Maquiavel, Negri acrescenta os aportes de autores como Nietzsche, Deleuze e Foucault: "Não há mais, portanto, quando se define o sujeito, a possibilidade de fazer repousar sua definição em elementos metafísicos: em particular, qualquer elemento de autoconsciência é secundário em relação ao trabalho da multidão, ao produto das relações entre singularidades."[35] Essa percepção da subjetividade é impor-

---

[33]*Idem.*
[34]*Ibid.*, p. 141.
[35]*Ibid.*, p. 142.

tante para entender como a multidão se constitui nas dinâmicas relacionais do campo social gerando vontade comum imanente, por oposição a povo, que se define a partir do consenso alienando seus poderes a um elemento transcendente. Multidão não deve ser confundida com povo ou massa, pois, além de não ser redutível a uma unidade, é um "ator ativo de auto-organização".[36] A questão da auto-organização é fundamental nessa diferenciação. Para explicitá-la, Negri aborda algumas correntes de pensamento que, ao longo da modernidade, associaram multidão a um conjunto massificado, confuso e indistinto. Essa associação torna-se inadequada a partir das transformações do trabalho que ocorrem no pós-fordismo. Por oposição à massa do período fordista, é necessário pensar em multidão simultaneamente nos termos materiais e políticos de uma nova fase do capitalismo: "Na fase pós-moderna, o conceito de multidão se liga à existência de singularidades definidas por sua capacidade de expressar trabalho imaterial e pela potência de reapropriar-se da produção (através da atividade)."[37]

É importante observar como Negri passa incessantemente do terreno do trabalho ao político e vice-versa, colocando em evidência uma dinâmica própria da contemporaneidade: "A passagem das categorias produtivas às categorias políticas, no que tange à definição do conceito de multidão, é [...] profundamente relacionada ao processo histórico",[38] isto é, a passagem do trabalho material

---

[36]*Ibid.*, p. 166.
[37]*Ibid.*, p. 145.
[38]*Ibid.*, p. 146.

ESTÉTICA DA MULTIDÃO

ao trabalho imaterial pós-fordista. As categorias estéticas que investigamos estão intimamente relacionadas às categorias produtivas, na medida em que se apropriam dos instrumentos de trabalho e dispositivos de cooperação do pós-fordismo por um lado e, por outro, estão profundamente ligadas às categorias políticas, pois expressam o desejo do comum para além do consenso na pós-modernidade. Como pensar o comum na perspectiva política da multidão, ou seja, um comum que não seja reduzível a um consenso popular definido como "adesão e alienação, identificação com o representante"?[39] Para Negri, dar à multidão uma forma política, que não seja de alienação da potência produtiva e da liberdade dos sujeitos, significa analisar os dispositivos de cooperação que se formam e se estendem através das redes.

Para encerrar a conceituação política de multidão com relação a povo, citemos Negri mais uma vez:

> No sentido mais geral, a multidão desconfia da representação, porque ela é uma multiplicidade incomensurável. O povo é sempre representado como uma unidade, enquanto *a multidão não é representável*, porque ela é monstruosa *vis-à-vis* com os racionalismos tecnológicos e transcendentais da modernidade. Em contraste com o conceito de povo, o conceito de multidão é uma multiplicidade singular, um universal concreto. O povo constituía um corpo social; a multidão é a carne da vida.[40]

---

[39]*Ibid.*, p. 148.
[40]*Ibid.*, p. 166.

Após investigar a produção do comum no campo social (a cooperação) e do comum (que não deve ser confundido com consenso) no campo político, podemos averiguar o comum no campo ontológico.

Segundo Negri, o poder que na modernidade agia contra a soberania limitada do Estado-nação hoje se opõe à soberania ilimitada do Império. Logo, o antipoder contemporâneo deve ser pensado de forma ilimitada, sem fronteiras. Negri propõe que deixemos de pensar em resistência, insurreição e poder constituinte como externos uns aos outros, e sim como "estratégias diferentes ou, pelo menos, como diferentes momentos históricos da estratégia revolucionária",[41] ou ainda como "três elementos forjados juntos num pleno antipoder".[42]

Negri afirma que a matéria-prima comum aos três elementos é a carne, pois ela é "pura potencialidade, a matéria informe da vida, um elemento do ser. [...] Não permanecemos carne, mas a carne é um elemento do ser; continuamente fazemos de nossa carne uma forma de vida".[43] Negri vê na carne o elemento fundamental do antipoder, elemento que funda efetivamente a resistência, a insurreição e o poder constituinte: "O que age sobre a carne e lhe dá forma são os poderes da invenção, aqueles poderes que trabalham por meio da singularidade, para tecer em conjunto hibridizações de espaço e metamorfoses de natureza — os poderes, em suma, que modificam os modos e as formas da existência";[44] e prossegue: "Assim, na carne da

---

[41]*Ibid.*, p. 128.
[42]*Ibid.*, p. 134.
[43]*Ibid.*, p. 135.
[44]*Idem.*

multidão está inscrito um novo poder, um antipoder, uma coisa viva que é contra o Império."[45] Este antipoder da multidão, antipoder inscrito na carne, é ilimitado na medida em que provém de uma multiplicidade de corpos irredutíveis à unidade representativa, "corpos bizarros, refratários às forças da disciplina e da normalização, sensíveis somente aos próprios poderes de invenção".[46] Por oposição ao corpo submetido à disciplina e ao controle, a carne se subtrai e se insurge contra os poderes da soberania imperial. Veremos mais adiante as expressões da multidão nas manifestações contemporâneas, os usos que fazem os manifestantes de seus corpos particulares e de sua carne comum.

3.2. CARTAZES POLÍTICOS DA CONTEMPORANEIDADE

Talvez o maior e mais significativo símbolo da divisão do mundo em dois blocos de poderes opostos, o muro de Berlim cai em 1989. Política e simbolicamente, essa queda significou o fim da Guerra Fria e o início de uma nova ordem mundial. Paralelamente à reorganização geopolítica, o desenvolvimento do capitalismo supera econômica e financeiramente as fronteiras nacionais, alimentando, com o apoio de instituições supranacionais, os fenômenos de globalização.

Na contemporaneidade, os encontros da OMC (Organização Mundial do Comércio) e as reuniões da cúpula do

[45] *Ibid.*, p. 136.
[46] *Ibid.*, p. 137.

G-8 (grupo dos sete países mais industrializados do mundo e a Rússia), entre outros eventos do gênero, são ocasiões de protesto e intensa produção de cartazes. Tanto as manifestações quanto a produção e veiculação de cartazes políticos se servem amplamente desse poderoso instrumento que é a informática e, mais especificamente, a internet. Com efeito, o próprio funcionamento dos movimentos de ação global é moldado na internet — enquanto rede de redes —, definindo-se assim como movimento dos movimentos.

Nosso estudo pretende analisar várias formas de cartazes políticos nas manifestações globais da contemporaneidade: o cartaz virtual que circula na internet, o cartaz em seu suporte tradicional de papel, ou ainda aquele que tem como base o corpo humano. A extensão à esfera do virtual se justifica na medida em que a internet oferece, em escala planetária, um espaço de produção, reprodução, distribuição e recepção de signos, sendo o cartaz político um deles. E a extensão ao domínio do corpo se faz necessária na medida em que nosso estudo aborda a potência do cartaz a partir de uma hipótese de estetização da política, a ser verificada nas manifestações globais.

Diante da dimensão quase ilimitada que adquiria aos poucos nosso campo de estudo, optamos por restringir a análise aos cartazes produzidos no período da Guerra do Iraque nos primeiros meses de 2003. A escolha dessa produção de cartazes específica é extremamente oportuna para introduzir o conceito de Império. Com efeito, encontramos em Hardt e Negri a apresentação da "guerra justa" como um importante sintoma de renascimento do conceito de Império:

ESTÉTICA DA MULTIDÃO

[...] há certamente algo de perturbador nesse renovado interesse pelo conceito de *bellum justum*,[47] que a modernidade, ou melhor, o secularismo moderno tanto lutou para eliminar da tradição medieval. O conceito tradicional da guerra justa envolve a banalização da guerra e a celebração da luta como instrumento ético, idéias que o pensamento político moderno e a comunidade internacional dos Estados-nação repudiam com energia.[48]

Antes do ataque ao Iraque em 20 de março 2003, Bush procurou justificar de todas as formas, perante a opinião pública internacional, o seu *jus ad bellum*.[49] O que confirma que o Império não é formado apenas com base na força, mas na capacidade de mostrar a força como algo a serviço do direito e da paz.

O curioso é que, ao escreverem essas linhas, Hardt e Negri referiam-se à Guerra do Golfo de 1991 — logo após o fim da Guerra Fria —, quando pela primeira vez os Estados Unidos assumiram-se como o único poder capaz de agir, com o apoio da ONU, em nome do interesse global e não apenas em nome de seu interesse nacional. Este evento marca o início de uma nova ordem mundial, imperial, segundo os autores.

Concentramo-nos então nas expressões estéticas nesse preciso momento, quando verificamos a constituição do Império através do sintoma da "guerra justa". Nesse momento, a crítica exercida pelos cartazes se concentra nas

---

[47]Guerra justa.
[48]Michael Hardt e Antonio Negri, *Império*, Rio de Janeiro, Record, 2001, p. 30.
[49]Direito de ir à guerra.

formas que adquire essa soberania supranacional. Segundo Hardt e Negri, estamos vivendo uma passagem: o Império é um processo, uma soberania "sem fora". À imagem do Império Romano, que contém as três formas de governo — monarquia, aristocracia e democracia —, a constituição do Império contemporâneo é mista, sendo a monarquia representada pelo poderio militar multinacional; a aristocracia, pelas multinacionais, e a democracia, pela multidão que, de dentro do Império, transforma cada momento em resistência aos poderes constituídos. Vemos nessa constituição pós-moderna a extensão do conflito transcendência *versus* imanência que atravessa a modernidade, conflito que ocorre também no campo estético. Vejamos primeiramente nos cartazes políticos contemporâneos, virtuais e reais, como se dão as representações críticas das formas de governo imperiais. Em seguida, abordaremos as manifestações de potência. É necessário frisar que essas categorias não são estanques: uma bandeira nacional transforma-se em manifestação de potência nas mãos da multidão, assim como uma máscara carnavalesca se torna representação potente do poder ao ser retirada de seu contexto festivo.

3.2.1. *Representações potentes do poder: a monarquia e a aristocracia imperial*

Em *sites* da internet, encontramos inúmeros cartazes em que a representação crítica do poder militar, ou seja, *a representação potente da monarquia do Império*, é evidente. Em versão passadista, modernista ou futurista, o poder militar apresenta suas armas. Reconhecemos de imediato o "mocinho" da história. Notamos que, salvo exceções, o poder militar presente nesses cartazes não é multinacional — pertencente à ONU —, mas é de nacionalidade americana. Isso não significa que o Império seja os Estados Unidos. Se, por ocasião da Guerra do Iraque de 2003, George W. Bush surge como protagonista do Império, é porque esta guerra constitui, segundo Negri, um "golpe de Estado" dentro do Império. A monarquia do Império é aqui representada pelos heróis do cinema hollywoodiano, em versão "Velho Oeste" como xerife[50] (*Figura 39*), em versão moderna como "James Bond" (*Figura 40*), ou ainda em versão "Guerra nas Estrelas". Cada herói carrega triunfalmente o arsenal característico de sua época: espingardas, pistolas ou armas fluorescentes. De modo que não temos dúvida sobre quem, nessa ocasião, atribui-se o direito de matar, sobre quem pretende governar esse Império.

É importante assinalar que, se nesse momento específico de guerra no Império a representação da monarquia ficou limitada ao poderio militar, as organizações soberanas contemporâneas se estendem bem além deste. Hardt e Negri indicam que a ordem imperial não pode ser mantida apenas pelo poderio bélico, mas que deve ser legitimada pela produção de normas jurídicas internacionais. Encontramos efetivamente, em cada um dos heróis aqui apresentados, códigos jurídicos muito bem definidos junto ao

---

[50]Interessante assinalar o momento histórico específico em que surge o "xerife" americano. Para Hardt e Negri, "a figura do governo americano como xerife do mundo e mentor da repressão das lutas de libertação em todo mundo não nasceu, realmente, na década de1960, nem mesmo com o advento da própria Guerra Fria, mas vem da revolução soviética, talvez até de antes" (*ibid.*, p. 195).

público.[51] A construção desses heróis e mitos baseia-se na legitimação de suas ações.

Notemos na paródia da estética hollywoodiana o zelo pela composição, a disposição dos personagens em planos distintos e a centralidade do herói. Observemos também o tratamento "realista" das figuras, o *chiaroscuro* e o *sfumatto* que realçam e uniformizam os rostos dos atores no mesmo princípio tonal, o aspecto *fini* da composição que colabora para o efeito de homogeneidade ou unidade na reunião dos diferentes elementos gráficos que compõem a imagem; enfim, toda uma série de recursos plásticos que remetem subversivamente à representação clássica da soberania. O tom triunfante e glorioso dos heróicos ícones cinematográficos confirma sua filiação à família das imagens produzidas pelo poder, em que conteúdo político centralizado e forma estética padronizada coincidem em seu efeito totalizante. Aquilo que distingue a estética da multidão das representações do poder hegemônico do Império é o "tom": em suas "apropriações" das representações do poder, a multidão recorre à ironia[52] para efetivar a subversão.

A escolha, por parte dos designers, da estética e dos mitos do cinema hollywoodiano para a representação

---

[51]Todos nós sabemos, por exemplo, que James Bond é o agente secreto 007, que tem direito de matar. Verificamos anteriormente como representações da lei estão constantemente presentes nas imagens produzidas pelo poder, tais como os *portraits* de Luís XIV, Napoleão e Getúlio Vargas.
[52]A subversão do poder pela ironia, pelo burlesco, pelo grotesco é bem desenvolvida por Bakhtin. Outro autor que se interessa pelo assunto é Henri-Pierre Jeudy, em *A ironia da comunicação*, Porto Alegre, Sulina, 2001. No entanto, por oposição a Bakhtin, Jeudy a considera de modo impotente: "O ritual da inversão é uma caricatura singular do poder que não ameaça a sua essência" (p. 16).

burlesca do poder militar dos Estados Unidos não é gratuita, nem inocente. É pertinente e constitui simultaneamente uma crítica e um sintoma do Império. Por um lado, constitui uma *crítica* na medida em que expõe o abuso dessas forças e, por outro, revela um *sintoma* pois demonstra que, na contemporaneidade, toda crítica se faz necessariamente de "dentro" do Império. O Império não tem "fora", portanto, mesmo os instrumentos de crítica são instrumentos construídos dentro do sistema. A subversão pela multidão dos mitos hollywoodianos é um exemplo disso. A multidão usa os mitos da indústria de comunicação para a crítica, mas quem cria essa indústria senão a multidão? Esse é um dos pontos centrais das teses de Hardt e Negri que afirmam a potência da multidão, produtora de linguagens que o Império continuamente tende a capturar. Como vimos, a produção de linguagem é efetivamente a forma de trabalho dominante na sociedade pós-fordista. Por oposição ao período fordista, em que o sujeito do trabalho imaterial age por fora do processo produtivo (tomemos como exemplo a atuação do filósofo Jean-Paul Sartre nos eventos de maio de 1968), hoje ele cria em seu seio. Mas, ao contrário das produções de cartazes anteriores, concentradas num ambiente específico — o "ateliê" —, a produção contemporânea de cartazes políticos é pós-fordista, descentralizada e desterritorializada. Os autores podem realizá-la coletivamente, embora não necessariamente no mesmo local. Os métodos de produção são aqueles abertos pelas redes sociais e pelas redes tecnológicas. Quando mencionamos redes sociais, nos referimos às formas de cooperação produtivas — materiais e imateriais — que se dão entre os diversos atores sociais.

E, quando citamos redes tecnológicas, referimo-nos naturalmente à internet, mas também, de modo mais amplo, às diversas formas de investimento que a tecnologia realiza nos vários setores da atividade econômica. Não há, pois, nenhuma possibilidade de controle absoluto ou unilateral da produção estética. É o que torna efetivamente possível a criação de cartazes através da paródia da linguagem das indústrias de comunicação para a crítica do poder global que ela mesma representa.

Paralelamente à crítica, a escolha dos mitos hollywoodianos constitui um sintoma do Império. Com efeito, Hardt e Negri afirmam que

> o poder, enquanto produz, organiza; enquanto organiza, fala e se expressa como autoridade. A linguagem, à medida que comunica, produz mercadorias, mas, além disso, cria subjetividades, põe umas em relação às outras, e ordena-as. As indústrias de comunicação integram o imaginário e o simbólico dentro do tecido biopolítico, não simplesmente colocando-os a serviço do poder mas integrando-os, de fato, em seu próprio funcionamento.[53]

O que se afirma aqui é a extensão e a intensificação do conceito de "indústria cultural": a comunicação não é mais a expressão do poder, mas constitui sua própria organização.

A constatação do poder das indústrias de comunicação nos leva, de imediato, a um outro conjunto de cartazes, no qual encontramos *a representação potente da aristocracia do Império*. Um cartaz específico nos leva do pri-

---

[53]Michael Hardt e Antonio Negri, *op.cit.*, p. 52.

ESTÉTICA DA MULTIDÃO

meiro conjunto de representações ao segundo: aquele no qual George W. Bush é o *Ladrão de Bagdá* (*Figura 41*). Percebemos a monarquia através da representação, no segundo plano, de helicópteros pertencentes ao poder militar americano. Mas é seu título, *Ladrão de Bagdá* (o que estaria George W. Bush roubando?), que nos dá a chave para compreender a aristocracia — segunda forma de governo imperial. Monarquia e aristocracia são formas de governo relativamente autônomas, mas perfeitamente articuladas entre si dentro do Império. Quando essas duas formas de governo se unem, são grandes as chances de estourar uma guerra.

Num primeiro conjunto de representações potentes da aristocracia imperial, encontramos uma alusão aos interesses particulares dos Estados Unidos nessa guerra. *No blood for oil* foi o slogan dos movimentos pacifistas que colocaram em evidência a razão econômica por trás do conflito. A razão econômica é identificada, na maior parte dos cartazes, como a necessidade americana de petróleo, em particular naqueles que subvertem o famoso apelo patriótico do *Uncle Sam*, personificação irônica dos Estados Unidos. Encontramos efetivamente inúmeras paródias do famoso cartaz de James Montgomery, em que a chamada coercitiva para o alistamento militar na Primeira Guerra Mundial se transforma em acusação veemente dos motivos econômicos que geraram a Guerra do Iraque. Essas "apropriações" (*Figuras 43, 44 e 45*) são exemplos de resistência e subversão das práticas de comunicação do Estado.

Outros cartazes salientam que o petróleo sustenta um número bem maior de corporações pertencentes a todas as áreas econômicas (*Figuras 46 a 51*). Notemos que a multidão, mais uma vez, utiliza as representações do poder — nesse caso, a estética mercantil das corporações, suas logomarcas, slogans e peças publicitárias — e subverte-as de forma crítica. Notemos sobretudo que a construção geométrica da logomarca remete à representação em perspectiva do monarca: em ambas encontramos unidade e abstração. Ou seja, Estado (todos os corpos reunidos num só corpo, o do soberano) e mercado (todos os corpos representados por um logo) afirmam a transcendência — a distância social e a perenidade política — através de recursos estéticos semelhantes. Encontramos, em ambos os casos, a racionalidade moderna, assim como o esplendor característico das imagens do poder.

Embora a maioria das corporações tenha sua origem nos Estados Unidos, não podemos considerá-las hoje como americanas, mas como "multinacionais" que proliferam por todo o planeta: Disney World, McDonald's, Burger King, Coca-Cola, Nike, e as petrolíferas Shell, Texaco, Esso, entre outras. Esse processo de difusão não é recente. O capital organizou-se, desde sempre, com vistas ao mercado global. As corporações industriais e financeiras apoiaram o imperialismo europeu do século XIX, assim como o fordismo do século XX. O que é novo na realidade do capitalismo global? Hardt e Negri respondem:

> As atividades de corporações já não são definidas pela imposição de comando abstrato e pela organização de simples roubo e de permuta desigual. Mais propriamente, elas estruturam e articulam territórios e populações. [...] O

ESTÉTICA DA MULTIDÃO

complexo aparelho que seleciona investimentos e dirige manobras financeiras e monetárias determina uma nova geografia do mercado mundial, ou com efeito a nova estruturação biopolítica do mundo.[54]

É o que nos mostram os cartazes que associam petróleo e sangue através da subversão da comunicação corporativa, por um lado, e do espetáculo televisivo, por outro. A guerra — conseqüência dos interesses econômicos e financeiros — gera um drama humano imediato (a dor, a morte de seres humanos) ao mesmo tempo que inaugura uma "nova estruturação biopolítica do mundo" que podemos caracterizar por migrações forçadas, êxodos intermináveis, renovamento de fundamentalismos etc. Seria essa "nova estruturação biopolítica do mundo" mais um sintoma do Império?

A propósito dos fundamentalismos religiosos, não podemos deixar de associar sua expansão à ação cada vez mais invasiva da aristocracia imperial, em todos os níveis da vida humana. Assim como ignora as fronteiras de nossos corpos, o mercado mundial ignora as fronteiras dos Estados-nação que, embora tenham sido durante toda a era moderna os principais organizadores da produção e troca global (tanto os Estados-nação europeus quanto os Estados Unidos), são hoje relativamente impotentes frente à lógica operacional do capital global. Hardt e Negri vêem nos fundamentalismos um "repúdio à transição histórica contemporânea",[55] uma recusa da globalização

---

[54]Michael Hardt e Antonio Negri, *op. cit.*, p. 50.
[55]*Ibid.*, p. 164.

econômica e financeira. O cartaz que contrapõe o "fundamentalismo islâmico" ao "fundamentalismo do mercado" (*Figura 53*) indica que ambos são sintomas do Império. Apreendemos aqui, através das representações potentes — críticas — da monarquia e da aristocracia contemporânea, alguns "sintomas" do processo imperial. Chegamos então à terceira forma de governo dentro do Império, seguindo o modelo da Roma imperial proposto por Políbio, e retomado por Hardt e Negri: a democracia da multidão. É nessa forma de governo que percebemos um salto quantitativo e qualitativo: por um lado, uma produção visual crescente por parte da multidão e, por outro, um afastamento radical das representações clássicas do poder, panegiristicas ou críticas, em direção a uma infinidade de expressões estéticas que denominamos manifestações de potência. Veremos como essas manifestações escapam à redução unitária — operada pela transcendência do Estado (gerando "povo") e do mercado (gerando "massa") — e expressam a multiplicidade da multidão.

3.2.2. *Manifestações de potência na democracia da multidão*

Como dissemos anteriormente, a constituição imperial é mista: a monarquia e a aristocracia são os poderes constituídos dessa rede, a democracia da multidão é potência constituinte. Até o momento, apresentamos a monarquia e a aristocracia imperial através de representações críticas em cartazes que utilizam os recursos da paródia ou subversão das formas comunicacionais do poder. Prosseguimos a apresentação da constituição imperial investigando a democracia da multidão, ou seja, as manifestações decorrentes de seus potentes processos de subjetivação. Começamos a procurar representações visuais da multidão. Seria aquela que vemos na pintura de Delacroix? Deparamo-nos de imediato com um problema: se a multidão não é representável politicamente, seria representável esteticamente? Intuímos que não deveríamos procurar "representações", mas "manifestações" da multidão. Essa intuição inicial se confirmou posteriormente na conceituação negriana de multidão e na análise empírica. Para conceituar multidão, encontramos em Negri três dispositivos teóricos: sociológico, político e ontológico. Confrontamos os dispositivos apresentados em suas palestras no Rio de Janeiro, em outubro de 2003, com as imagens das manifestações pacifistas publicadas nos jornais durante a Guerra do Iraque.

Voltemos ao primeiro campo para definição de multidão, o da *sociologia*: a multidão é constituída por "uma força de trabalho cada vez mais imaterial, intelectual, genericamente definida como produção comunicativa". O conceito de multidão se sobrepõe ao conceito de classe operária organizada em função da unidade produtiva. Enquanto na modernidade o trabalho produtivo era restrito às relações fabris, hoje o trabalho produtivo é reconduzido ao conjunto das relações sociais: uma série de elementos considerados até então secundários, como a capacidade intelectual ou os afetos singulares, tornaram-se imediatamente produtivos. No fordismo, a divisão técnica tende a abolir toda e qualquer característica pessoal e subjetiva do trabalho manual, reduzindo-o à execução de tarefas simples e repetitivas, definidas anteriormente pelo trabalho intelectual de concepção. No pós-fordismo, o trabalho produtivo se torna cada vez mais imaterial, afetivo, comunicativo e independente da relação salarial da fábrica fordista. Tempo de trabalho e tempo de vida se misturam, negando dessa forma a separação dos setores produtivos e reprodutivos da sociedade.

As transformações do trabalho analisadas por Negri — do material ao imaterial — nos interessam na medida em que são estas que determinam as formas de luta. Ao comparar as imagens das manifestações fordistas às de hoje, percebemos no primeiro caso uma homogeneidade dos grupos sociais em termos de idade, sexo e classe, enquanto no segundo caso encontramos uma multiplicidade de atores. Ou seja, percebemos nitidamente a extensão da produção da fábrica a redes sociais mais gerais.

Como a dinâmica do trabalho imaterial, a não-separação do tempo de trabalho e de vida, se traduziria política e esteticamente? Vemos por exemplo o campo do Parlamento de Londres, para onde manifestantes levaram ramos de flores com a intenção de simbolizar as vítimas da guerra no Iraque (*Figuras 54 e 55*). E vemos ainda os corpos de pacifistas que, juntos, formam símbolos e palavras, imagens e textos, designs e slogans (*Figuras 56, 57 e 58*). A manifestação estética só é "concretizada" pelo conjunto das vontades imateriais, afetivas e comunicativas, em suma, cooperantes.

O segundo campo para definição de multidão é o da *política*. Negri diz que "o conceito de multidão não pode ser reduzido ao conceito de povo ou àquele de massa". Vimos anteriormente como, na história moderna européia, o conceito de povo se originou de uma unidade produzida

ESTÉTICA DA MULTIDÃO

pelo Estado. Enquanto povo é um sujeito expropriado de seus direitos e de sua subjetividade, reduzido à unidade pela representação, multidão se define como conjunto de singularidades não representáveis. O povo tende ao uno, a multidão parte do uno.

Procuramos "ver" a multidão, nas manifestações globais, a partir de sua definição política. Paradoxalmente, num primeiro momento, procurando multidão, encontramos povos, muitos povos. Encontramos bandeiras de diferentes povos do mundo que, ao mesmo tempo em que assinalam a identidade nacional de seus portadores, demonstram sua solidariedade com o povo do Iraque. E vemos também bandeiras de alguns desses povos — em particular a dos Estados Unidos — sendo "apropriadas" pela multidão de maneira crítica (*Figuras 59 a 64*), através da substituição das estrelas americanas pela suástica nazista, pelo símbolo de paz e amor, ou ainda de maneira destruidora, como na queima de bandeiras. Percebemos nessas apropriações a transformação do emblema nacional de poder *exercido sobre o povo* em expressão global de potência *exercida pela multidão*.

Mas, além da "apropriação" da bandeira americana, assistimos a um fato novo: a criação de uma bandeira da multidão. O povo tem sua bandeira, a multidão também. Mas como pode ser isso, posto que a multidão é um conjunto de singularidades não representáveis? A multidão não "caberia" num emblema. Ora, percebemos o arco-íris não como a soma de todas as cores representando todos os povos do mundo, pois, do ponto de vista óptico, com a soma das cores obteríamos uma bandeira branca e, do ponto de vista semântico, uma bandeira multinacional.

Percebemos o arco-íris como uma superação de todas as barreiras, de todas as bandeiras em nome das quais os povos vão à guerra, como uma imagem que cria um comum sem neutralizar as singularidades. O arco-íris não representa o nacional, mas expressa o transnacional, o que vai além do nacional. O arco-íris é manifestação estética da multidão.

O terceiro campo para definição de multidão é o da *ontologia*: multidão é "uma qualificação ontológica dos processos economicamente produtivos, politicamente constitutivos e psicologicamente 'desejantes', ou seja, do desejo e da necessidade de se associar, de estar junto aos outros". Negri nos fala da multidão como a "carne" da vida. Mas que "carne" é essa? Em sua conferência na PUC-Rio em 2003, Negri apontou para Merleau-Ponty. A carne seria — assim como a água, a terra, o vento e o fogo — uma das matérias da vida, o que temos de comum. Logo, a multidão é o ser-em-comum. E, sendo a linguagem a forma principal da constituição do comum, naturalmente encontramos inscrita na carne — a matéria de que somos todos feitos, sem distinção de sexo, idade ou etnia — a comunicação do desejo geral de paz. Vemos efetivamente, nas passeatas globais contemporâneas, inúmeras inscrições na carne dos novos bárbaros (*Figura 65*), inscrições rápidas e *inachevées* como a potência da qual são a manifestação. O aspecto *inachevé* das inscrições nos interessa na medida em que, afastando-as do *fini* das representações da estética clássica, as inserem na genealogia das expressões carnavalescas. Mais uma vez, o (in)acabamento plástico corresponde a uma temporalidade política específica.

ESTÉTICA DA MULTIDÃO

A questão ontológica de Negri vai além da questão biológica de Foucault: a biopolítica foucaultiana aponta para a introdução da *zoé* — do homem como ser vivo — na esfera da pólis — do homem como sujeito político —, constituindo assim o evento da modernidade. O que esse conceito assinala é a extensão e a profundidade dos poderes do Estado na modernidade, como vimos nos cartazes de maio de 1968 na França. Negri assinala que, posteriormente, estudiosos de Foucault propuseram a distinção entre biopoder e biopolítica. Biopoder seria a imposição do comando — Estado ou mercado — através de suas tecnologias e seus dispositivos de poder, ao passo que biopolítica seria a crítica do comando realizada a partir do ponto de vista das experiências de subjetivação e de liberdade, a partir de baixo. O sufixo "bio" nos lembra insistentemente o lugar onde essas forças operam. Podemos claramente perceber, nas manifestações estéticas aqui expostas, a crítica "por baixo" do poder belicoso. Essa produção da multidão é manifestação da biopolítica, que se estende dos corpos biológicos particulares à carne ontológica comum.

Concluímos que as manifestações globais são o espaço e o tempo privilegiado da produção política e estética da multidão, da oposição biopolítica ao biopoder, lá mesmo onde este concentrou seu ataque, ou seja, nos corpos particulares, mas, sobretudo, na forma comum da vida, a carne. As manifestações carnais são recusa de representação transcendente e demanda de cooperação imanente. Nas carnavalizações contemporâneas (*Figura 52*), encontramos propostas concretas de novas formas de organização social e política, e expressões materiais que lhe correspondem, ou seja, uma estética de potência para além da representação do poder. Na "base" — entendida como sustentáculo — da constituição imperial encontramos a multidão criadora de novas formas sociais, políticas e estéticas, e cuja liberdade não se reduz a uma alegoria.

3.2.3. Poder constituinte, estética constituinte

Demonstramos que, em momentos constituintes como maio de 1968, ou por ocasião dos protestos globais contemporâneos, forças políticas e estéticas se insurgem vigorosamente contra os poderes constituídos e contra as formas instituídas ou acadêmicas da imagem. Procuramos interpretar as formas estéticas insurgentes, que denominamos representações potentes do poder e manifestações de potência, a partir da conceituação sociológica, política e ontológica de multidão. Para encerrar nosso estudo, gostaríamos de aprofundar essa interpretação a partir do conceito de poder constituinte. A nosso ver, ao poder constituinte — ou potência, segundo Spinoza — corresponde uma estética constituinte.

Em O poder constituinte — ensaio sobre as alternativas da modernidade,[56] Negri aborda as duas continuidades históricas do poder constituinte. A primeira continuidade — expressão de um princípio constituinte em resposta às necessidades de racionalizar o poder — ocorre nas tentativas de constituição republicana, democrática ou socialista, que se sucederam ao longo da modernidade a partir das revoluções americana, francesa e russa. A segunda con-

---

[56]Antonio Negri, O poder constituinte — ensaio sobre as alternativas da modernidade, Rio de Janeiro, DP&A, 2001.

ESTÉTICA DA MULTIDÃO

tinuidade do poder constituinte — expressão de "uma multidão que procura se tornar sujeito absoluto dos processos de potência"[57] — é analisada conceitualmente através de Maquiavel, Spinoza e Marx. Essa expressão continua em aberto, pois o curso histórico "dá sentido e plenitude crítica à racionalidade ocidental".[58] É essa continuidade do poder constituinte, enquanto crítica permanente à racionalidade moderna, que nos interessa aqui. É nela que inserimos nossa análise das manifestações estéticas da contemporaneidade.

Negri relembra as três correntes do pensamento moderno que dificultaram o desenvolvimento histórico do conceito de poder constituinte. A primeira corresponde à tradição do pensamento judaico-cristão, que opõe a unidade do projeto divino à multiplicidade da experiência multitudinária. A segunda é a tradição jusnaturalista[59] — apresentada nesse estudo a partir de Hobbes —, na medida em que o poder constituinte encarna "a dinâmica contra a estática, a criação contra o contrato, a vitalidade e a inovação contra a ordem e a hierarquia".[60] E a terceira é aquela do idealismo. Analisamos anteriormente representações visuais relacionadas a essas três correntes do pensamento moderno. Procuraremos, em seguida, entender

---

[57]*Ibid.*, p. 422.

[58]*Ibid.*, p. 426.

[59]O jusnaturalismo considera o direito natural como "regulamentação necessária das relações humanas, a que se chega através da razão, sendo, pois, independente da vontade de Deus. Assim, o jusnaturalismo representa, no campo moral e político, reivindicação da autonomia da razão que o cartesianismo afirmava no campo filosófico e científico" (Nicola Abbagnano, *Dicionário de filosofia*, São Paulo, Martins Fontes, 1998).

[60]*Ibid.*, p. 428.

como é possível superar esses limites impostos ao desenvolvimento do poder e da estética constituinte.

Negri afirma que a permanência desses limites se deve à dificuldade de "se liberar plenamente do conceito moderno de progresso, [e] da racionalidade que constitui essa trama conceitual".[61] Com efeito, o poder constituinte passa, ao longo da história, por experiências tão diversas quanto o liberalismo, a democracia e o socialismo, mas se perde sempre, pois "o Estado, o poder constituído, a concepção tradicional de soberania sempre reaparecem para concluir o processo constitutivo".[62] Procuremos apreender, a partir de Negri, os mecanismos de aprisionamento do poder constituinte — e de sua expressão estética — pela racionalização do *espaço* e do *tempo*.

A racionalização do espaço e do tempo se dá através do acionamento de um duplo mecanismo de organização "direcionado para a representação horizontal de todas as dimensões do social e, por outro lado, predisposto à sua mediação vertical".[63] Não estaria essa racionalização social e política representada em *Las meninas,* de Velázquez? Acreditamos que sim, na medida em que percebemos a *horizontalidade das várias dimensões sociais* nas presenças da infanta, das aias, dos tutores, da anã, do pajem, do homem na soleira da porta, do próprio pintor e até de um cão, enquanto notamos a *verticalidade da mediação política* através do reflexo dos soberanos no espelho ao fundo. *Las meninas* constitui uma das representações para-

---

[61]*Ibid.*, p. 431.
[62]*Ibid.*, p. 432.
[63]*Ibid.*, p. 434.

ESTÉTICA DA MULTIDÃO

digmáticas do projeto de racionalização do espaço social baseado na perspectiva.[64] Por outro lado, a racionalização do tempo político significa a subordinação do poder constituinte à temporalidade do poder constituído, ou seja, a submissão da dinâmica à estática, perceptível no acabamento primoroso, no *fini* da representação clássica.

Ir além do projeto da modernidade significa, segundo Negri, produzir a ruptura com o racionalismo, ou seja, liberar o poder constituinte do aprisionamento espacial e temporal. A primeira direção seria a da subsunção do espaço à do tempo constituinte: "Tal subsunção não nega a especificidade das determinações espaciais, mas as coloca em estreita relação com a totalidade do movimento. A potência constitutiva rompe o espaço e o transpõe para o tempo."[65] A segunda seria a continuidade da crise entre devir revolucionário e instituições políticas, crise libertadora da práxis. E a terceira direção seria uma concepção de práxis constitutiva a despeito do êxito, isto é, como "ação efetiva no sentido de tentar sempre um novo êxito".[66] Pensamos que essa ruptura ocorre efetivamente em termos estéticos nos momentos constituintes da contemporaneidade: subsunção da representação espacial à manifestação temporal e libertação de uma práxis não obstante o resultado. À utopia constituída que, em termos estéticos, teve a forma da representação clássica, contrapomos a desutopia constitutiva:

---

[64]No *Quattrocento*, surge uma verdadeira ciência da representação. Brunelleschi ditou as regras da construção em perspectiva. Estas regras foram codificadas no tratado de Leon Battista Alberti (1436).
[65]*Ibid.*, p. 439.
[66]*Ibid.*, p. 440.

O conceito de poder constituinte recupera sua história e encontra sua forma conclusiva como conceito de desutopia constitutiva. Quando a linearidade progressiva da modernidade defronta-se com o nada de seus efeitos, nasce a subjetividade constituinte — não como último produto da razão mas como produto de seu insucesso. Essa subjetividade constituinte nasce em meio ao nada das determinações do moderno, na totalidade contínua e incessante da ação da multidão.[67]

Desutopia constitutiva é a práxis da *multidão* — entendida como "uma experimentação concreta e real, uma fenomenologia extremamente ampla no terreno do trabalho, do político, da propriedade, da apropriação, da relação jurídica com o resto do mundo"[68] — e do *poder constituinte* — definido como algo não prefigurado, "algo que vem formando-se de modo intempestivo e aleatório, mas nem por isso menos efetivo".[69] Retornando, pois, ao terreno da experimentação, observemos nos protestos globais contemporâneos as configurações estéticas que ali se materializam. Podemos perceber, por um lado, que essas expressões não se encerram em superfícies específicas — papel, tecido, muro, chão, corpo, carne — mas extrapolam todo limite espacial e, por outro, excedem todo limite temporal de exposição, renovando-se continuamente no movimento da multidão. As manifestações de potência são ilimitadas no espaço e no tempo: são manipuladas, apropriadas, seguradas, carregadas, sustentadas, expostas,

---

[67]*Ibid.*, p. 441.
[68]*Ibid.*, p. 154.
[69]*Ibid.*, p. 157.

ESTÉTICA DA MULTIDÃO

construídas ou mesmo destruídas de inúmeras formas. Vemos, por exemplo, bandeiras que não se encerram em seus pedaços de pano, mas constituem o comum ao se transformar em elos da multidão. E descobrimos corpos que formam palavras de ordem e símbolos compartilhados, ou que desfilam em conjunto o pedido de não-ataque ao Iraque. "O poder constituinte é a dinâmica organizacional da multidão, o seu fazer-se"; as manifestações globais contemporâneas são a sua expressão estética. Ao não reconhecer limites espaciais e temporais, essa dinâmica cria uma estética constituinte: o evento, inversão carnavalesca do espetáculo da mídia oficial. Ao entrar em Bagdá em 2003, soldados americanos juntaram-se a opositores do regime iraquiano para tombar a estátua de Saddam Hussein. As imagens espetaculares percorreram o mundo inteiro. Meses mais tarde, por ocasião da visita de George W. Bush a Tony Blair em Londres, manifestantes ingleses levaram ao chão a estátua do presidente americano (*Figura 66*). A multidão inverte o espetáculo em evento. Assim como verificamos o parentesco das imagens geradas pela multidão com a produção carnavalesca, podemos notar a pertença do espetáculo televisual à família das imagens gloriosas do poder. O espetáculo, tal como assistimos em *Las meninas* ou nas imagens catódicas da guerra do Iraque, mantém a separação entre o que representa e o que é representado, entre o sujeito e o objeto da representação. O evento abole essa distância. Negri afirma que há, entre multidão e poder constituinte, um "parentesco totalmente inseparável". Ao poder constituinte corresponde a estética constituinte da multidão.

Seria o evento a forma da imanência?

Conclusão*

Nosso primeiro capítulo introduziu a problemática da representação política e estética através da descrição, por Foucault, de um quadro do pintor da corte de Felipe IV, da Espanha. *Las meninas,* de Velázquez, é, a nosso ver, uma imagem do poder político transcendental na aurora da Idade Moderna, em que o soberano governa a partir de um ponto central e externo ao campo social: a essa forma estética parece corresponder a concepção social e política dos monarcas absolutos europeus dos séculos XVII e XVIII. *Las meninas* é, de certo modo, uma metáfora da soberania. Com efeito, essa construção pictórica estabelece uma complexa distinção dos planos que indica a imposição, por parte do governante, da distância social e da eternidade política. Percebemos com clareza que a tênue imagem do casal real, ao fundo do quadro, constitui um plano de universalidade totalmente distinto do plano histórico onde se encontram todos os outros personagens do campo social. A separação espacial e o acabamento perfeito das figuras são elementos fundamentais das imagens da soberania e refletem a sociedade que as produz.

---

*Esta conclusão foi escrita durante a semana de comemorações dos sessenta anos da libertação do campo de extermínio de Auschwitz. Assim vislumbramos a libertação de todos os campos contemporâneos.

Uma vez colocada a questão da representação da soberania, procuramos aprofundar suas formas políticas e estéticas. Encontramos em *A fabricação do rei,* de Peter Burke, a descrição da sofisticada organização social e política que produziu a iconografia de Luís XIV: inúmeros artistas — pintores, escultores, arquitetos — são submetidos às rígidas normas institucionais das academias sob patrocínio real. Apontamos duas características principais do sistema de produção: por um lado, a plena consciência dos métodos de manipulação e das técnicas de espetáculo, ambos mantenedores da distância social, e cujos rituais cotidianos ou excepcionais — como a coroação, a entrada real, o casamento e mesmo o funeral — atingiram dimensões extraordinárias sob o regime do Rei Sol e, por outro, a percepção da necessidade de legitimação da soberania diante dos súditos. Nesse caso, o recurso à santidade cristã, na figura de são Luís, ou à mitologia grega, na forma dos deuses Apolo, Júpiter, Hércules ou Netuno, sustentou o poder do rei nos momentos de crise, em particular quando a sua decadência física se somaram derrotas políticas. A *fabricação* iconográfica de Luís XIV foi, com suas falhas e suas qualidades, grandiosa o suficiente para inspirar a maioria das cortes européias de seu tempo e manter-se como modelo de representação da soberania. Burke assinala, contudo, a existência de imagens que parodiam a gloriosa iconografia do poder transcendental.

Procuramos então, em *A cultura popular na Idade Média e no Renascimento,* de Mikhail Bakhtin, a descrição dessa "outra" modernidade que, ao desenvolver uma visão de mundo deliberadamente não-oficial, convive em conflito com a primeira. Bakhtin descreve o carnaval como um evento popular que, por oposição aos espetáculos oficiais da Igreja e do Estado, recusa as hierarquias sociais e questiona a imutabilidade política, gerando "outras" formas estéticas. Encontramos, de um lado, a representação perfeitamente acabada de um poder que se diz eterno ou transcendental e, de outro, a expressão rapidamente esboçada de uma potência que afirma o movimento social e político. Essa tensão é visível, em especial, nas figurações corpóreas: por oposição ao corpo clássico, no corpo popular, "não há nada perfeito nem completo",[1] afirma Bakhtin referindo-se ao realismo grotesco, em que se confundem as fronteiras entre os reinos vegetal, animal e humano. E assinala, nessas figuras carnavalescas e grotescas, a presença de um riso que, ao rebaixar para o plano material e corporal tudo que é ideal e espiritual — através das representações das protuberâncias e orifícios do corpo, assim como dos atos aos quais estão relacionados, como alimentação e defecação, coito e parto, nascimento e morte —, confirma a renovação da vida social e política. Em contraposição à representação apologética de Luís XIV sob as vestes dos deuses do Olimpo, apresentamos o estudo de Annie Duprat sobre a representação crítica da rainha Maria Antonieta, às vésperas da Revolução Francesa, sob a forma de uma horrível harpia, também pertencente à mitologia grega: uma estética monstruosa desafia a estética divina. Apontamos, já nesse nível do estudo, uma diferença de "grau" entre a paródia — forma ainda muito próxima das representações do poder — e as expressões de potência.

---

[1]Mikhail Bakhtin, *A cultura popular na Idade Média e no Renascimento*, São Paulo/Brasília, Ed. UnB, 1999, p. 23.

Nosso segundo capítulo retomou o período moderno que acabamos de abordar e se estendeu até o momento insurrecional de maio de 1968, para finalmente apontar para a contemporaneidade que investigamos no último capítulo. Em *"Il faut défendre la société"*, Foucault propõe reconstituir as lutas entre as diferentes concepções ou "discursos" do poder na modernidade, história que procuramos sintetizar em três movimentos: surgimento, generalização e autodialetização do discurso histórico-político. Por oposição ao discurso filosófico-jurídico da soberania, teorizado por Hobbes, Foucault relata o surgimento, ao final do reinado de Luís XIV, de um discurso histórico-político que revela os conflitos por baixo das instituições do poder. Essa concepção da história como um movimento contínuo de relações de dominação — da guerra de uns contra outros e de outros contra uns — coloca em evidência as múltiplas nações que circulam sob o Estado, assim como os múltiplos saberes e imagens que produzem. No entanto, a partir da Revolução Francesa, o discurso que coloca a guerra como princípio de inteligibilidade das sociedades autodialetiza-se a partir da redefinição política do conceito de "nação": embora não constitua a totalidade do corpo social, o Terceiro Estado reivindica uma função totalizadora. Retoma, de certo modo, a tese monárquica em que a Nação reside inteiramente na pessoa do rei e reproduz, a nosso ver, um tipo de imagem particular.

Esses três movimentos do discurso histórico-político explicariam, em parte, a continuidade do "discurso" visual do poder, em que encontramos permanentemente representadas as três unidades que sustentam a soberania: a do sujeito, a do poder e a da lei. Em *Imagens negociadas,* Sergio Miceli elabora um estudo sobre a tradição figurativa dos retratos presidenciais. Vários presidentes brasileiros foram retratados seguindo o mesmo modelo empregado em *Napoleão em seu escritório*, de Jacques-Louis David, que tem por sua vez o *portrait* de Luís XIV, de Hyacinthe Rigaud, como referência. Das monarquias absolutas européias do século XVII às repúblicas autoritárias como a de Vargas, ou democráticas como a de De Gaulle, encontramos sempre o mesmo discurso: *"L'État c'est moi."*[2]

Contudo, a aparente similaridade das fórmulas estéticas não significa a imobilidade das formas políticas. Acompanhamos Foucault em sua abordagem das instituições disciplinares e dos mecanismos de controle que sustentam o desenvolvimento do capitalismo nos séculos seguintes. Encontramos sempre o conflito entre a continuidade do "discurso" visual do poder e a multiplicidade daqueles que a este se opõem: a história da Nação *versus* a história das nações. Buscamos essa heterogeneidade nos movimentos de maio de 1968 na França, quando cartazes políticos são produzidos no *Atelier Populaire* por trabalhadores, estudantes e artistas. Essa produção, intensa e multifacetada, é a expressão das diversas "nações" contestadoras dos poderes e saberes constituídos: antiestatismo, anticapitalismo, antiimperialismo, antipsiquiatria, entre outros, são seus temas favoritos. Para além desses conteúdos, constatamos formas que remetem à estética carnavalesca e grotesca descrita anteriormente por Bakhtin. A eliminação dos planos pela fusão dos elementos, assim como a predominância

---

[2]Peter Burke, *A fabricação do rei: a construção da imagem pública de Luís XIV*, Rio de Janeiro, Jorge Zahar Editor, 1994, p. 21.

do esboço sobre o acabamento perfeito das figuras, exprime o desejo de proximidade social e de renovação política. E, quando surge a figura de De Gaulle, não é para representar a ordem constituída, mas para sugerir a desordem carnavalesca: "A baderna é ele", afirma um famoso cartaz. Verificamos assim que as lutas dos saberes, tal como descritas por Foucault, se expressam esteticamente através da tensão entre as formas visuais inspiradas na teoria da soberania e aquelas produzidas por outras concepções e práticas políticas, das quais os cartazes de maio de 1968 são um exemplo significativo.

Nosso terceiro capítulo estendeu esse conflito ao período contemporâneo. Em *Império*, Hardt e Negri retomam a análise da modernidade como crise entre transcendência e imanência, fazendo uma importante distinção entre a expansividade transcendente européia — responsável pelo desenvolvimento do imperialismo — e a tendência expansiva americana — que gera o Império através de um modelo de rede. Afirmam então a transição do paradigma de soberania moderna para aquele de soberania imperial desenvolvendo, em termos políticos e estéticos, o conceito de multidão — cooperação social expressa de forma imanente — por oposição ao conceito de povo — corpo social representado de forma transcendente. Essa passagem abre, a nosso ver, a possibilidade de novas formas de produção e interpretação estéticas que procuramos nas manifestações globais contra a Guerra do Iraque em 2003: pesquisamos os cartazes que circulam nos espaços públicos virtuais e reais, nos *sites* de internet e nas ruas das cidades.

Encontramos uma infinidade de representações do poder militar empenhado nessa guerra, ou seja, da monarquia imperial, segundo Hardt e Negri: parodiando a iconografia hollywoodiana, o presidente americano é retratado como caubói ou agente secreto, e apresenta suas insígnias seguindo ironicamente a nobre tradição dos *portraits* monárquicos. Numa versão ainda mais crítica, Bush transforma-se no *Ladrão de Bagdá*, introduzindo as representações potentes das grandes corporações multinacionais presentes na guerra do Iraque. Vimos, por exemplo, o apelo nacionalista da Primeira Guerra Mundial ser subvertido em acusação econômica: *"I want you to kill for my oil profits"*, diz o Tio Sam pós-moderno. Monarquia e aristocracia imperial, perfeitamente articuladas entre si, apresentam a unidade transcendental através de recursos estéticos semelhantes: a abstração geométrica das logomarcas remete à construção em perspectiva do monarca.

Chegamos finalmente ao terceiro nível do Império, onde se expressa a resistência ao poder transcendental: é na democracia da multidão que percebemos um salto quantitativo — uma produção crescente por parte da multidão — e qualitativo — um distanciamento radical das representações clássicas do poder. Observamos os protestos globais contra a Guerra do Iraque a partir da própria definição de multidão. No campo da sociologia, Negri define multidão como força de trabalho imaterial que produz de maneira cooperativa, como nas manifestações em que pacifistas se juntam para formar símbolos e palavras, designs e slogans. No campo da política, afirma que, por oposição ao povo reduzido à unidade pela representação, multidão é uma infinidade de singularidades não representáveis. Com efeito, se por um lado identificamos, nas manifestações, bandeiras nacionais representando diversos povos, por outro assistimos à criação de uma bandeira transnacional em forma de arco-íris. Por último, Negri define multidão a partir do elemento primordial que nos une uns aos outros: sendo a multidão a "carne" da vida, é na carne que encontramos esboçada a crítica à guerra imperial. Percebemos então como o conflito político e estético que assinalamos nos primórdios da Idade Moderna perdura na contemporaneidade. Encontramos efetivamente, na passagem da modernidade para a pós-modernidade, a permanência do conflito não-dialetizável entre a representação clássica do poder[3] constituído e a estética da potência constituinte, entre o espetáculo e o evento, confirmando portanto nossa hipótese inicial. Apontamos inclusive para uma diferença de grau entre a paródia que, embora crítica, permanece muito próxima da iconografia do poder, e as manifestações de potência.

Retornando então a Foucault — que disseca a maneira como o poder é exercido sobre o corpo individual, através das instituições de disciplina, e sobre o corpo social, através dos mecanismos de controle —, percebemos como o poder nasce da necessidade moderna de coordenar e finalizar uma força que lhe escapa, uma potência que continuamente gera novas formas de vida. Ao assinalar que "a resistência vem antes",[4] Foucault afirma que suas forças políticas e suas formas estéticas são a criação que o poder procura sistematicamente capturar. A partir dessa afirma-

---

[3]Lembramos sempre que o que denominamos representações do poder engloba desde os *portraits* monárquicos até os retratos oficiais republicanos, assim como outras formas contemporâneas de propaganda política.
[4]Michel Foucault, *Dits et écrits IV*, Paris, Gallimard, 1994, p. 741.

ESTÉTICA DA MULTIDÃO

ção, podemos com efeito pensar a antecedência das formas estéticas da resistência sobre aquelas do poder: a resistência produz a inovação que o poder constituído reproduz ulteriormente.[5]

Retornando a Negri — que, em *O poder constituinte*,[6] analisa as tentativas de racionalização do poder que sucedem os momentos revolucionários —, verificamos como a constitucionalização que finaliza a revolução social e política se assemelha à institucionalização que encerra a inovação estética. Pois, de certo modo, a "razão" da constituição assemelha-se à "razão" da instituição.[7] Como vimos no pensamento de Hobbes, a filosofia política moderna não nasce unicamente de uma necessidade administrativa, mas sobretudo do medo: "Sua racionalidade só é instrumento de ordenação se também for instrumento de repressão. A angústia é a causa, e a repressão, o efeito da racionalidade instrumental. O moderno é, assim, a negação de toda possibilidade de que a multidão possa se exprimir como subjetividade."[8]

---

[5]Um exemplo interessante de apropriação e reprodução ulterior pelo poder das formas inovadoras da potência é a recente campanha publicitária dos supermercados franceses Leclerc baseada nos cartazes de maio de 1968.

[6]Antonio Negri, *O poder constituinte — ensaio sobre as alternativas da modernidade*, Rio de Janeiro, DP&A, 2001.

[7]Referimo-nos evidentemente às instituições especificamente políticas, mas também a todas aquelas que condicionam a criação estética. Descrevemos anteriormente o amplo sistema construído por Luís XIV para a produção iconográfica. Este sistema tornou-se cada vez mais complexo. Hoje, Estado e capital disputam o patrocínio da produção estética numa aparente oposição: museus públicos e galerias de arte, academias artísticas e agências publicitárias, críticos e *marchands* de arte operam, muitas vezes, de modo semelhante.

[8]*Ibid.*, p. 448.

Em termos políticos, ir "além do moderno"[9] e tornar possível a expressão da multidão significa, para Negri, substituir a racionalidade instrumental por uma nova racionalidade que assim descreve:[10] para além da racionalidade do abstrato (transcendental), uma racionalidade do concreto (imanente), em que a criação se insurge contra o limite e a medida, o processo contínuo contra a rigidez institucional, a igualdade contra o privilégio, a diversidade contra a uniformidade e, por fim, a cooperação contra o comando. Ora, as questões que Negri coloca em termos políticos também poderiam ser colocadas em termos estéticos: enquanto a racionalidade abstrata constrói a representação objetiva do poder, a racionalidade do concreto liberaria a expressão subjetiva da potência. Ir além do moderno significaria então traduzir esteticamente a racionalidade concreta da vida social, seus processos de organização e de produção com base na cooperação ilimitada e potente das subjetividades que neles se constituem.

[9]*Ibid.*, p. 447.
[10]*Ibid.*, p. 453-56.

Referências bibliográficas

ABBAGNANO, Nicola. *Dicionário de filosofia*. São Paulo: Martins Fontes, 1998.

ARGAN, Giulio Carlo. *Arte moderna*. São Paulo: Companhia das Letras, 1993.

BAKHTIN, Mikhail *A cultura popular na Idade Média e no Renascimento*. São Paulo/Brasília: Ed. UnB, 1999.

BARBERO, Jesús Martín. *Dos meios às mediações — comunicação, cultura e hegemonia*. Rio de Janeiro: Ed. UFRJ, 1997.

BARNICOAT, John. *Posters — A concise history*. Nova York: Thames and Hudson, 1988.

BENJAMIN, Walter. *Sur l'art et la photographie*. Ligugé-Poitiers: Aubin Imprimeur.

BURKE, Peter. *A fabricação do rei: a construção da imagem pública de Luís XIV*. Rio de Janeiro: Jorge Zahar Editor, 1994.

CIPINIUK, Alberto. *A face pintada em pano de linho — moldura simbólica da identidade brasileira*. Rio de Janeiro: Loyola/PUC-Rio, 2003.

DEBORD, Guy. *La société du spectacle*. Paris: Gallimard, 1992.

DORMER, Peter. *Le design depuis 1945*. Nova York: Thames and Hudson, 1993.

DUPRAT, Annie. "L'affaire du collier de la reine". In: Christian Delporte e Annie Duprat (orgs.). *L'événement — images, representation, mémoire*. Paris: Créaphis, 2003.

EAGLETON, Terry. *A ideologia da estética*. Rio de Janeiro: Jorge Zahar Editor, 1993.

FOUCAULT, Michel. *L'ordre du discours*. Paris: Gallimard, 1971.

———. *La volonté de savoir*. Paris: Gallimard, 1976.

———. *Les mots et les choses*. Paris: Gallimard, 1986.

——. *Dits et écrits IV.* Paris: Gallimard, 1994.

——. *"Il faut défendre la société" — Cours au Collège de France, 1976.* Paris: Gallimard/Seuil, 1997.

HARDT, Michael e NEGRI, Antonio. *Império.* Rio de Janeiro: Record, 2001.

——. *Multitudes.* Nova York: Penguin, 2004.

HOLLIS, Richard. *Le graphisme au XXe siècle.* Nova York: Thames and Hudson, 1997.

KLEIN, Naomi. *No logo.* Nova York: Picador USA, 2001.

JEUDY, Henri-Pierre. *A ironia da comunicação.* Porto Alegre: Sulina, 2001.

LAZZARATO, Maurizio. "Do biopoder ao biopolítico". Revista *Multitudes,* Paris, março de 2000.

MATTELART, Armand e Michèle. *História das teorias da comunicação.* Rio de Janeiro: Loyola, 2001.

MICELI, Sergio. *Imagens negociadas, retratos da elite brasileira (1920-1940).* São Paulo: Companhia das Letras, 1996.

NEGRI, Antonio. *A anomalia selvagem — poder e potência em Spinoza.* São Paulo: Editora 34, 1993.

——. *O poder constituinte — ensaio sobre as alternativas da modernidade.* Rio de Janeiro: DP&A, 2001.

——. "Por uma definição ontológica da multidão". Revista *Multitudes,* Paris, maio-junho de 2002.

——. *5 Lições sobre Império.* Rio de Janeiro: DP&A, 2003.

——. *Guide: 5 lezioni su Impero e dintorni.* Milão: Raffaello Cortina, 2003.

NIETZSCHE, Friedrich. *La vision dionysiaque du monde.* Paris: Allia, 2004.

POUILLOUX, Jean-Ives. *Rabelais — rire est le propre de l'homme.* Paris: Gallimard, 1993.

SALLES, Evandro. *Gráfica utópica, arte gráfica russa, 1914-1945* (catálogo da exposição de mesmo nome). Rio de Janeiro: CCBB, 2002.

TRIKI, Rachida. "As aventuras da imagem em Michel Foucault". In: *L'image — Deleuze, Foucault, Lyotard.* Paris: Vrin, 1997.

YÉGOROV, Alexandre e LITVINOV, Victor. *Les affiches de la Glasnost et de la Perestroika.* Paris: Sovietski khoudojnik e Flammarion, 1989.

LISTA DE CRÉDITOS

1. *Las Meninas*, c. 1656, Diego Velázquez/Museu do Prado, Madri
2. *Retrato de Luís XIV*, c. 1701, Hyacinthe Rigaud/Museu do Louvre, Paris
3. *Napoleão em seu escritório*, 1812, Jacques Louis David/National Gallery of Art, Washington
4. *Retrato de Getúlio Vargas*, Carlos Oswald/Museu da República, Rio de Janeiro
5. Retrato oficial de Charles de Gaulle, 1959
6. *Desembarque de Maria de Médicis em Marseille*, 1622-1625, Peter Paul Rubens/Museu do Louvre, Paris
7. *A sagração de Napoleão 1º na Notre-Dame de Paris*, 1805-1807 (detalhe), Jacques Louis David/Museu do Louvre, Paris
8. *A Liberdade guia o povo*, 1830, Eugène Delacroix/Museu do Louvre, Paris
9 a 35. Cartazes de maio de 1968, Anônimos
36, 37 e 38. Campanha publicitária para os supermercados Leclerc, Paris, 2005
39. *Kill everybody before he can kill you*, Axel Feuerberg
   www.3d-manufaktur.de/bilder.html
40. *George W. Bush in License to Kill*, Axel Feuerberg
   www.3d-manufaktur.de/bilder.html
41. *George W. Bush is the thief of Baghdad*
   www.BloodForOil.org
42. *I want you for U.S. Army*, 1917, James Montgomery/Museu de Arte Moderna, Nova York
43. *I want you for consume*, Bs.As.Stncl
   www.bsasstencil.com.ar
44. *We want your blood for oil*, Axel Feuerberg
   www.3d-manufaktur.de/bilder.html
45. *A derrotar la guerra imperialista*, Anônimo, Oaxaca, México
   www.anti-war.us
46. *Disney War*, Bs.As.Stncl
   www.bsasstencil.com.ar
47. *Ronald McHitler*, Noah Lyon
   www.retardriot.com
48. *Murder King*, Stew Graham (Geephat)
   www.logoloco.net
49. *ESS.O.S.!*, Anthony Garner
   www.antgarner.com

50. *No War,* Jose Florido, Málaga, Espanha
www.anti-war.us
51. *Don't do it,* Ignacio Garcia e Juan Carlos Cammaert
www.cammaert.com
52. *Bush the butcher of Baghdad,* foto de Andy Laithwaite, copyright de Andy Laithwaite
www.stopwar.org.uk/gallery.asp
53. *Free-Market Fundamentalism,* Leon Kuhn
www.leonkuhn.org.uk
54 e 55. *Flores em frente ao Parlamento de Londres, em memória das vítimas da Guerra do Iraque,* foto de Maeve Tomlinson, copyright de Maeve Tomlinson
www.stopwar.org.uk/gallery.asp?year=03
56. *Peace on the beach,* Drake's Beach, Point Reyes, N. Califórnia, foto de Sean Smuda, copyright de Baring Witness
www.barewitness.org
www.seansmuda.com
57. *No War,* Borello Ranch, Tomales Bay, N. Califórnia, foto de John Korty, copyright de Baring Witness
www.barewitness.org
58. *Baring Witness Men,* Drake's Beach, Point Reyes, N. Califórnia, foto de Christopher Springmann, copyright de Baring Witness
www.barewitness.org
59. *Am I Righteous Now,* DC Hall, Dallas, Texas
www.UnleashedStudios.com
www.anti-war.us
60. Sem título, Anônimo
www.anti-war.us
61. *Follow,* Jonathan McIntosh
www.capedmaskedandarmed.com
62. Sem título, Alex Lilly
www.anti-war.us
63. *At What Cost?,* Thinker, Portland, OR, EUA
www.anti-war.us
64. Tomahawk Diplomacy, Reuven Cohen
www.anti-war.us
www.ruv.net
65. Agência AFP
66. Agência REUTERS
67. *Manifestação "Stop Bush" em Londres, Novembro de 2003,* foto de Neil White, copyright de Neil White
www.stopwar.org.uk/gallery.asp

SOBRE A COLEÇÃO

O conceito de Império, proposto por Antonio Negri e Michael Hardt, definiu um novo horizonte de reflexão a respeito da crise da modernidade. O léxico usado em *Império* mobiliza os esforços de inovação teórica e política de um conjunto de autores (filósofos, sociólogos, economistas) que, desde o início dos anos 1990, problematizaram as noções de comum, trabalho, multidão, biopolítica, linguagem, potência. A proposta desta coleção é a de apresentar ao público brasileiro uma bibliografia de grande interesse para apreender os desafios da política no Império.

Os livros propostos participam, todos, do trabalho de definição e aplicação desse novo léxico dentro da vivência política e militante, bem como no desenho de novos horizontes filosóficos. Se todos provêm das noções mobilizadas por Negri e Hardt em *Império* e *Multidão*, ou discutem com elas, os enfoques privilegiados são diferentes e às vezes marcam expressivos deslocamentos e até rupturas de perspectiva. Assim, por exemplo, entre os primeiros títulos a serem publicados, *Estética da multidão*, de Barbara Szaniecki, problematiza a nova relação entre resistência e criação como expressão de uma estética da multidão que se mobilizou contra a guerra e o "estado de exceção" no início desta década. Por sua vez, Cesar Altamira, com *Os marximos do novo século*, coloca o "pós-estruturalismo" de Negri e Hardt dentro de uma avaliação crítica das diferentes correntes do marxismo do século XX e em particular do que ele chama de *"open marxism"*. Em *Virtuosismo e revolução*, Paolo Virno reafirma a centralidade do trabalho na passagem do fordismo ao pós-fordismo e ao mesmo tempo o apreende por meio da noção marxiana de *General Intellect*, discutindo com Hannah Arendt e Jurgen Habermas. Christian Marazzi, em *O lugar das meias*, aprofunda a análise da nova qualidade do trabalho, apontando para suas dimensões lingüísticas e para seu "devir mulher", ou seja, para a integração das atividades de produção e reprodução.

Neste volume que abre a coleção, *As revoluções do capitalismo*, Maurizio Lazzarato trabalha nessa mesma direção e ao mesmo tempo opera uma ruptura de perspectiva: ao passo que aprofunda alguns dos principais elementos teóricos da proposta negriana (o próprio conceito de multidão e de singularidade), o autor afirma a necessidade — para produzir os "mundos possíveis" — de romper de vez com a tradição marxista e, pois, com a própria noção de centralidade do trabalho, inclusive aquela de "trabalho imaterial" que ele mesmo e Negri desenvolveram no início dos anos 1990. Para fazer isso, Lazzarato se apóia nos aportes não apenas da filosofia da diferença — que tem em Deleuze seu principal referêncial —, mas também na sua radicalização por meio das leituras que faz da sociologia heterodoxa de Gabriel Tarde, pensador francês do final do século XIX.

O texto deste livro foi composto em Sabon,
desenho tipográfico de Jan Tschichold de 1964
baseado nos estudos de Claude Garamond e
Jacques Sabon no século XVI, em corpo 11/15.
Para títulos e destaques, foi utilizada a tipografia
Frutiger, desenhada por Adrian Frutiger em 1975.

A impressão se deu sobre papel off-white 80g/m²
pelo Sistema Cameron da Divisão Gráfica
da Distribuidora Record.